DÉJAME
presentarte
A TI MISMA

Talitha Pereira
Prólogo por Yesenia Then

DÉJAME
presentarte
A TI MISMA

Descubra su verdadera identidad

renacer
www.renaceruno.com

DÉJAME PRESENTARTE A TI MISMA
Descubra su verdadera identidad
© 2022 por Talitha Pereira

ISBN: 978-1-956625-13-4

A menos que se indique lo contrario, todas las citas de la Escritura han sido tomadas de la *Santa Biblia, Versión Reina-Valera 1960*, RVR, © 1960 por las Sociedades Bíblicas en América Latina; © renovado 1988 por las Sociedades Bíblicas Unidas. Usadas con permiso. Todos los derechos reservados. Las citas de la Escritura marcadas (NTV) han sido tomadas de la *Santa Biblia*, Nueva Traducción Viviente, © Tyndale House Foundation, 2010. Usadas con permiso de Tyndale House Publishers, Inc., 351 Executive Dr., Carol Stream, IL 60188, Estados Unidos de América. Todos los derechos reservados.

Editado por: Gisela Sawin

Publicado por Renacer Uno
www.renaceruno.com

Ninguna parte de esta publicación podrá ser reproducida o transmitida de ninguna forma o por algún medio electrónico o mecánico; incluyendo fotocopia, grabación o por cualquier sistema de almacenamiento y recuperación sin el permiso previo por escrito del autor.

Impreso en Estados Unidos

DEDICATORIA

A mi Padre de amor dedico este libro. Él es el autor de la vida que me presentó a mí misma, mi verdadera identidad. A mi madre, que desde el momento en que nací me presentó mi identidad en Dios. Ella miró a una niña charlatana y dijo: «Hija mía, tú serás una escritora y usará tus palabras para glorificar a Dios». ¡Gracias mamá, por tu visión de amor!

A mis hijas, Sarah, Laura y Helena, que me presentaron a una nueva Talitha: la Talitha madre.

Es mi deseo presentaros a vosotras mismas como hijas preciosas del Padre.

CONTENIDO

Presentación 9
Prólogo 11
Prefacio 15

1. **IDENTIDAD:** Empieza hoy a conocerte
   (Un análisis de la vida de Mefiboset) 19
   Conoce quién eres 20
   Acepta quién eres 28
   Celebra quién eres 31

2. **EXPECTATIVAS:** Empieza hoy a disfrutar de la libertad
   (Un análisis de la vida de Ana y Penina) 35
   Libérate del síndrome de perfección 38
   Libérate de la comparación 42
   Libérate del papel secundario 49

3. **SINGULARIDAD:** Empieza hoy a recibir amor
   (Un análisis de la vida de David) 59
   Reconoce que eres amada 61
   Reconoce que no eres lo que haces 69
   Reconoce la voz acertada 76

4. **PENSAMIENTOS:** Empieza hoy a ajustar tu mente
   (Un análisis de la vida de Gedeón) 83
   Vence el autodesprecio 86

Vence la autocompasión 91
Vence los pensamientos destructivos 97

5. **ACTITUDES:** Empieza hoy tu transformación
   (Un análisis de la vida de Pablo) 107
   Céntrate en el poder de Dios, no en tus fuerzas 111
   Céntrate en las promesas, no en las dificultades 114
   Céntrate en el progreso, no en la perfección 121

6. **POTENCIAL:** Empieza hoy a brillar
   (Un análisis de la vida de Daniel) 127
   Elige sacar a flote tu potencial, no a ocultarlo 130
   Elige la excelencia, no la mediocridad 133
   Elige la disciplina, no la comodidad 137

7. **ESENCIA:** Empieza hoy a presentarle al mundo quién eres
   (Un análisis de la vida de Ester) 143
   No pierdas la esencia del propósito 146
   No pierdas la esencia de la humildad 149
   No pierdas la esencia del Reino 151

Conclusión 155

PRESENTACIÓN

Déjame presentarte a ti misma es fruto de una larga experiencia de la pastora Talitha Pereira al lidiar con los problemas más comunes en nosotras, mujeres, en lo que se refiere a nuestra identidad, a nuestros miedos, anhelos y frustraciones.

La autora busca desenmascarar las mentiras arraigadas en el consciente e inconsciente de la mujer, que le impide vivir una vida productiva y significativa, ya sea de la perspectiva personal o comunitaria.

En *Déjame presentarte a ti misma*, la lectora va a reconocer su fuerza y capacidad, sin dejar de ser desafiada a cambiar de enfoque con relación a sí misma y a su mundo más íntimo, rumbo a un crecimiento personal, familiar, profesional y social.

Como resultado de innumerables conferencias, charlas y estudios, además de formación académica, la autora disfruta de un reconocimiento comprobado por un público bastante amplio, que incluye todas las edades.

Querida lectora, ¡empieza hoy a conocer tu potencial!

—Equipo editorial

PRÓLOGO

POR YESENIA THEN

Resulta muy fascinante el hecho de saber que pese a los miles de millones de personas que existen y han existido en toda la historia de la humanidad, no ha habido ni habrá dos, que sean exactamente iguales. Ya que, aunque Dios nos creó semejantes en naturaleza, intencionalmente también nos hizo únicos en esencia, personalidad y apariencia.

Nuestras diferencias están directamente relacionadas con el propósito para el que cada uno de nosotros fue creado. Para poder cumplir con dicho propósito, aceptar nuestras diferencias y vivir de tal manera que podamos bendecir a otros con nuestra esencia, necesitamos tener clara las respuestas a tres preguntas muy importantes en cuanto a la existencia humana: ¿Quién soy? ¿De dónde vengo? y ¿Hacia dónde voy?

Saber quién eres, te permite tener una identidad clara y te hará entender la razón por la cual Dios te hizo ser lo que eres. Saber *quién eres*, te hará entender *quién no eres*, y te evitará fracasar tratando de *convertirte en alguien que no fuiste llamada a ser*.

¿Quién soy? Saber quién eres, te hará entender que no eres lo que haces. Por tanto, si dejas de hacer lo que haces, tu valor continuará intacto. Porque, de hecho, eres tú quien da valor a lo que haces, no es lo qué haces lo que te da valor a ti.

¿De dónde vengo? Saber de dónde vienes, hará que recurras a tu Fuente, que es Dios, cada vez que necesites ser reparada, guiada o renovada. Porque el Señor actuará como el único Distribuidor Autorizado, que tiene los medios y los métodos de reparar lo que se quiebra y lo que se daña en aquello que Él creó.

Saber de dónde vienes te hará entender que tu vida no es producto de la casualidad, sino que naciste en un tiempo, en un lugar y con una asignación específica que solo tú eres capaz de manifestar.

¿Hacia dónde voy? Saber hacia dónde vas, hará que tengas presente que no hay mejor camino para tu vida, que el que Dios ha puesto delante de ti. Saber hacia dónde vas te evitará tomar caminos, aunque estén siendo transitados por otros, que para ti sencillamente no son los correctos.

Saber hacia dónde vas, te hará entender que tendrás que dar cuenta a Dios por lo que te ha hecho ser, y por lo que te ha encomendado hacer. Ya que cómo dice el apóstol Pablo: «Somos hechura suya, creados en Cristo Jesús

Prólogo

para buenas obras, las cuales Dios preparó de antemano para que anduviésemos en ellas» (Efesios 2:10).

Pero no habrá forma de manifestar todo lo que el Señor quiso que manifestáramos al momento de crearnos, si en vez de sentirnos agradecidas y bendecidas por existir, nos sentimos incapaces y dejamos que cualquier cosa nos robe los deseos de vivir en plenitud y de la forma que el Señor espera que vivamos.

No habrá forma de cumplir con nuestra misión, si en vez de enfocarnos en nuestra asignación nos queremos convertir en lo que no somos por no estar conformes con lo que ya nuestro Hacedor nos ha hecho ser.

Y precisamente el hecho de ayudarnos a aceptar y amar lo que somos, ha sido el propósito de nuestra muy apreciada pastora Talitha Pereira, quien con toda la gracia que la caracteriza y la forma práctica de comunicar sus conocimientos, nos ayuda a afirmar lo que somos a través del desarrollo de temas tan relevantes como: la identidad, basado en la impactante historia de Mefiboset; además, nos habla de las expectativas, basado en la historia de Ana y Penina; la singularidad, basado en la vida de David; y otros temas más, desarrollados a la luz de la Palabra. A medida que vayas leyendo, irás también recibiendo un nivel de revelación que te hará comprender y aceptar lo hermoso de las diferencias y aún de los errores y flaquezas a las que no le debes dar el permiso de hacerte sentir menos que nadie, porque no eres menos; eres solo un diseño único y exclusivo que tiene una asignación específica para este tiempo. Por tanto, conócete, acéptate y cumple con las expectativas del que te dio la vida, de tu Fuente, de tu Hacedor y de tu Dueño.

PREFACIO

En su primera carta, el apóstol Pedro instruye al esposo en cuanto a la manera de tratar su esposa:

De igual manera, ustedes esposos, sean comprensivos en su vida conyugal, tratando cada uno a su esposa con respeto, ya que como mujer es más delicada, y ambos son herederos del grato don de la vida. Así nada estorbará las oraciones de ustedes.

—1 PEDRO 3:7 NVI

En ocasiones he sido indagada o presenciado discusiones sobre si la mujer es la parte «más delicada» o «más frágil» del matrimonio. Algunas no están de acuerdo en absoluto con la afirmación de Pedro, ignorando incluso la seriedad y la belleza del texto en su conjunto. La reacción con respecto a ese texto bíblico me llevó a reflexionar sobre el tema… a fin de cuentas ¿somos tan fuertes?

En una clara alusión a la gestación, el mismo versículo afirma que somos «herederas del grato don de la vida». Nuestro cuerpo se abre y se transforma para acoger y acomodar el crecimiento de otro ser humano al que damos a luz en medio de dolores agudos. Prueba de ello nuestros senos se llenan de leche para nutrir —de alimento y afecto— al bebé que lo cambia todo con su llegada. Para las que hemos pasado por ese proceso, es difícil ver la mujer como un ser frágil o débil, una vez que fue elegida por el mismo Dios para vivir tamaña experiencia. Sin embargo, si tenemos en cuenta ciertos aspectos emocionales, la mujer en general se muestra más vulnerable.

Los hombres suelen ser más pragmáticos y objetivos, «más livianos» cuando se refieren a su propia apariencia. Al punto de decirse frases crueles los unos a los otros en forma de bromas, dependiendo el grado de amistad que tengan: «Menos mal que tu hijo se parece a la madre», «Hombre, ¡tienes una barriga enorme!» o «Amigo, ¿dónde fue a parar tu cabello?». Los comentarios, seguidos de carcajadas, se transforman en una muestra de aprecio y amistad, y cuando se despiden, dicen: «¡Ese tipo es muy buena gente!»

Es imposible que algo así dijeran las mujeres sobre sí mismas o sobre las demás, sin que eso causara daños considerables. Vivimos en la búsqueda de un modelo inalcanzable de belleza, y muchas veces nos saboteamos a nosotras mismas, impulsadas por nuestra insatisfacción. La comparación entre nosotras, está a la orden del día. Además, se nos hace difícil elogiar o recibir elogios. En ese sentido, tiene toda la razón el apóstol Pedro al afirmar que somos la parte más delicada o frágil.

A lo largo de la vida prestamos los oídos a tantas mentiras sobre nosotras mismas que, al final comenzamos a

Prefacio

creer en ellas como si fueran verdades. Enfrentamos imposiciones y exigencias absurdas, lo que nos genera pensamientos destructivos. Pero eso no quiere decir que fuimos predestinadas a ser víctimas de nuestra vulnerabilidad, por el contrario, podemos ver fortalecida nuestra identidad, así como también nuestro propósito de vida, si tenemos una relación íntima y personal con el Creador.

Así como Dios ordenó al hombre que amara y tratara su mujer con dignidad, él mismo dispuso, a través de su incomparable amor y gracia, todo lo que necesitamos como mujeres para vivir en plenitud, disfrutando de todas nuestras potencialidades con absoluta consciencia de nuestro valor y singularidad. Mujer, ¡eres única!

Con un enfoque bíblico, accesible y coherente, mi querida amiga Talitha Pereira nos lleva con sabiduría a una nueva perspectiva sobre nosotras mismas. Al estimular reflexiones profundas, la autora desenmascara con maestría las mentiras bien formuladas de nuestros días, a la vez que nos impulsa a la verdad liberadora del autoconocimiento y de quiénes fuimos creadas para ser.

Disfruta esta lectura y permite que tu visión se expanda y genere en ti una nueva actitud.

Con cariño,

—Helena Tannure,
Conferencista internacional, escritora, presentadora, profesora y cantante.

CAPÍTULO 1

Identidad

EMPIEZA HOY A CONOCERTE

En un mundo en el que las mentiras contadas repetidas veces se convierten en «verdades» ante los ojos humanos, considera este libro como una presentación real de ti misma. Creo que Dios está levantando una generación de mujeres que recibieron una revelación poderosamente sencilla sobre su identidad. Desde el momento que caiga la venda de tus ojos y puedas ver realmente, nadie más podrá impedirte ser quién en verdad eres.

Conoce quién eres

Cuando Mefiboset, que era hijo de Jonatán y nieto de Saúl, estuvo en presencia de David, se inclinó ante él rostro en tierra.

—¿Tú eres Mefiboset? —le preguntó David.

—A las órdenes de Su Majestad —respondió.

—No temas, pues en memoria de tu padre Jonatán he decidido beneficiarte. Voy a devolverte todas las tierras que pertenecían a tu abuelo Saúl, y de ahora en adelante te sentarás a mi mesa.

Mefiboset se inclinó y dijo:

Identidad

> —¿Y quién es este siervo suyo, para que Su Majestad se fije en él? ¡Si no valgo más que un perro muerto!
>
> —2 SAMUEL 9:6-8

La Biblia nos cuenta la historia del nieto del rey Saúl e hijo de Jonatán. Mefiboset era su nombre. En un determinado momento de este relato, David quiso bendecir a algún posible miembro de la familia de Saúl por causa de la amistad que había tenido con Jonatán. Movido por ese sentimiento, el rey averiguó si todavía quedaba alguien de la familia a quien pudiera demostrar bondad. Uno de sus sirvientes le informó que había un sobreviviente, Mefiboset, y que vivía en una ciudad llamada Lo Debar.

El nombre Lo Debar significa «lugar sin pasto», «lugar de miseria», «tierra del olvido». Piensa conmigo: ¿Por qué el nieto de un rey viviría en un lugar como este? ¿Por qué no fue al palacio para reclamar sus derechos y privilegios como hijo de Jonatán, una vez que este tenía una alianza con David?

De acuerdo con las leyes de Israel en aquel entonces, cuando dos personas hacían un pacto, todo lo que cada una de ellas tenía estaba a disposición de la otra. Ambas tenían que ayudarse e incluso luchar en defensa de la otra parte. El pacto también valía para las generaciones siguientes, o sea, los hijos y los herederos. Sin embargo, Mefiboset, hijo y heredero de Jonatán, estaba viviendo en gran pobreza. ¿Y eso por qué? Porque tenía un problema de identidad.

DÉJAME PRESENTARTE A TI MISMA

Aunque sabía de su linaje, y quién era su familia, Mefiboset no conocía el poder de aceptar su propia identidad.

Años antes, cuando Mefiboset todavía era un bebé, llegó al palacio la terrible noticia de que Saúl y Jonatán habían muerto en combate. Al escuchar semejante relato, su nodriza huyó con el niño en brazos, pues temía que David pudiera aprovecharse de él para vengarse del rey Saúl por cómo lo había tratado. Durante la huida, Mefiboset cayó de los brazos de la niñera y quedó lisiado.

Desde ese momento, Mefiboset creyó que era demasiado «imperfecto», «averiado» y «problemático» para ser parte de la realeza. Es muy probable que pensara que nunca sería aceptado por causa de su imperfección. A menudo nos sentimos así. Creemos que no seremos aceptados por ser quienes somos, con nuestras características y todos los defectos que forman parte de nuestra vida. Ojalá nuestra partida de nacimiento incluyera solamente nuestros atributos, «a fin de cuentas, ¿cómo alguien tan imperfecto puede formar parte de la realeza de un Dios perfecto?», nos preguntamos.

> La imagen que tienes de ti misma tiene el poder de determinar tu destino.

Pero lo que quiero que entiendas es: ¡No hay defecto capaz de cambiar la sangre real que corre por tus venas! Se trata de algo hereditario. Algo que pasa en el mismo momento en que naces. Sin embargo, la imagen que tienes de ti misma tiene el poder de determinar tu destino.

Identidad

La manera cómo te ves es esencial para definir el camino a ser recorrido.

Cuando David envió a buscar a Mefiboset, este se postró delante del rey y tuvo miedo, pero David le dijo que no había motivo para ello, porque lo único que deseaba era beneficiarlo por amor a su padre. Sin embargo, Mefiboset contestó que no valía más que un *perro muerto*. Aquí está la cumbre de una autoimagen negativa y destructiva. En vez de verse a sí mismo como heredero del legado de su padre y abuelo, Mefiboset pensaba que sería rechazado para siempre por su imperfección.

Si nos hallamos en la misma condición de vernos imperfectas, lo único que contemplaremos será lo que no está bien en nosotras, en vez de mirar a lo que sí lo está por medio de Jesucristo, que es perfecto. El miedo de no ser aceptada y la vergüenza de lidiar con nuestros defectos producen una vida amargada e infeliz. Es como seguir viviendo como esclavas después de haber sido liberadas de la esclavitud eterna por Jesús. Y eso pasa porque nos olvidamos que él ya llevó toda nuestra insuficiencia y a cambio nos dio su justicia.

En efecto, necesitas comprender tu verdadera identidad en Cristo, o quién eres de verdad. Para la mayoría de las personas, sin embargo, ese proceso no es vivido con naturalidad ni siquiera aprendido desde la niñez. En cambio, pasamos la mayor parte de la vida aprendiendo a rechazarnos a nosotras mismas y a mirar con lupa cada uno de los defectos que albergamos. El rechazo que hemos sentido y el miedo de enfrentar otras de sus caras, solo hacen agrandar el problema. Sin embargo, cuando aceptamos nuestra identidad, entonces sí podemos enfrentarla y comenzar a lidiar con ella.

No conozco tu historia de vida, pero una cosa sé: Si tienes un autoimagen distorsionada, es probable que una figura de autoridad en tu vida tuviese la costumbre de exponer tus debilidades, te tomase como elemento de comparaciones, o te hiciera pasar por situaciones de profundo juicio, vergüenza o desánimo. Como nadie (o casi nadie) elogió tus cualidades, comenzaste a tener una visión distorsionada de ti mismo.

Presta atención a esto: Tenemos que entender que somos maravillosas porque Dios nos hizo así. El Creador del mundo sencillamente no puede hacer nada que sea ordinario ni tampoco «más o menos». El Autor de la vida no se sintió cansado en medio de su momento creativo y decidió terminarlo de mala gana. ¡Todo lo contrario! Dios no descansó hasta crear una obra absolutamente memorable, admirable y encantadora.

Si no crees que eres una obra maestra, eso se debe a que no sabes quién eres en realidad. Benjamin Franklin dijo: «Hay tres cosas extremadamente duras: el acero, el diamante y conocerse a uno mismo». Esta es la verdad. El proceso de autoconocimiento es largo y arduo. Sin embargo, es a ese trayecto transformador al que debes lanzarte si realmente deseas tener una vida en plenitud.

Entre el proceso de intentar complacer a las personas que conocemos y atender a nuestras necesidades reales,

Identidad

podemos desviarnos del camino y de la voluntad de Dios. Invertimos todas las energías que tenemos y al final del día, después de haber fallado, nos sentimos culpables, frustradas e infelices, por no haber tenido éxito en el intento humanamente imposible de cumplir con tales expectativas.

Hoy es tiempo de autoconocimiento. Hoy es tiempo de transformación. Detente y reflexiona sobre lo siguiente:

- *¿Para quién estás viviendo?*
- *¿Por qué haces lo que haces?*
- *¿Te has transformado en alguien que vive para complacer a los demás?*
- *¿Ya te diste cuenta de que nunca serás todo lo que los demás quieren que seas?*

Dejo abajo algunas líneas para que contestes a esas preguntas con toda sinceridad. Mírate al espejo. Observa tu imagen y sé sincera:

_____
_____
_____
_____
_____

Esta es una tarea demasiado exigente, ¿verdad? No es sencillo enfrentarse a una misma con sus sueños y ¡para colmo afrontar las expectativas de los demás sobre nosotras!

DÉJAME PRESENTARTE A TI MISMA

Calma tu corazón y lee:

Menos mal que no podrás ser lo que todo el mundo desea que seas. Porque no naciste para ser lo que los demás quieren, ¡naciste para ser tú misma!

Dios te creó con esta misión: Ser tú misma. El propósito de tu vida es descubrir quién eres y tener éxito en ello. Cierta vez escuché algo que tiene mucho sentido: «Cuando nos ocupamos en intentar ser lo que todo mundo es, dejamos de ser nosotras mismas». O intentas ser como los demás o eres lo que eres. De eso se trata.

Cuando llegue al cielo, Dios no me va a preguntar por qué no fui igualita a mi marido, a una determinada predicadora, o al apóstol Pablo. No. Él me va a preguntar: «¿Por qué no fuiste tú misma?». Lo mismo pasa contigo.

La verdad es que las personas siempre te exigirán. Pero lo que hagas con respecto a esto es lo que importa. Cuando aprendemos a escuchar la voz de nuestro Creador, todas las demás voces que nos rodean se tornan secundarias. No permitas que el ruido de otras voces te impida escuchar la voz del Padre. Conoce tu identidad, la dirección para tu vida y el llamado que Dios te ha hecho.

> **El propósito de tu vida es descubrir quién eres y tener éxito en ello.**

Volvamos a Mefiboset. Por mucho tiempo vivió de manera inferior a la que tenía derecho. Podría haber disfrutado de todos los beneficios y de toda la

Identidad

belleza del palacio real, pero por muchos años se dejó engañar por no comprender quién era. Sin embargo, todo en su vida cambió cuando Mefiboset por fin entendió que no debía ser menos de lo que había nacido para ser. Lo mismo sucederá en tu vida ahora mismo. ¡Ha llegado el momento en que coincidas con Dios sobre ti misma!

A lo largo de los años he aprendido algo: Solo aquello que valoramos es en verdad valioso. Seguro que ya te has dado cuenta de que algunas cosas en realidad dependen de nosotras mismas. Por eso, te desafío a valorar la creación de Dios que eres.

Cada una de nosotras tiene un camino por delante. Tómate tu tiempo. Tú no llegaste al nivel máximo de perfección que anhelas, pero te puedo garantizar: No necesitas ser perfecta. Solo tienes que ser tú misma.

Más adelante hablaremos sobre el filtro irreal de la perfección, pero, a partir de este momento, pido que te quites de encima la carga de perfección que arrastras, o sea, el intento diario y frustrante de ser perfecta. Nuestro Enemigo siempre lanza flechas a la mente de la mujer como: «¡Pero si todavía te queda tanto para conseguir, para lograr tal cosa! Nunca serás perfecta. Nunca serás quién Dios te creó para ser».

A partir de este momento, ya no permitas más estar atada a una sensación constante de fracaso, de no hacer lo suficiente o de tener que esforzarte más todavía.

Comprende que todos a tu alrededor también luchan por crecer, abrirse paso y ser mejores cada día, pero lo importante es saber que nada puede cambiar quiénes somos. Nuestra identidad no puede ser cambiada.

Acepta quién eres

Pero David llamó a Siba, el administrador de Saúl, y le dijo: —Todo lo que pertenecía a tu amo Saúl y a su familia se lo entregó a su nieto Mefiboset
—2 SAMUEL 9:9

La mayoría de las personas, aún más del sexo femenino, no está a gusto consigo misma. Aceptar quiénes somos parece ser una tarea tan dura que llega a ser considerada una misión imposible. Lee otra vez el pasaje de la historia de Mefiboset. David le devolvió *todo* lo que había pertenecido a su familia, no solo una parte, sino todo. David ni siquiera cuestionó si Mefiboset lo merecía, si era lo suficientemente digno, o si había hecho grandes cosas en su vida para recibir todo aquello. ¡Fue Dios quien lo hizo a través de David!

¿Conoces a alguien que le cuesta recibir? Es vergonzoso regalarle algo a alguien, y que no quiera aceptarlo. Lo único que queremos en realidad es que esa persona extienda las manos y acepte lo que le regalamos. Cuando recibimos algo de Dios, de hecho, recibimos y aceptamos lo que él nos ofrece. ¡Este es un ciclo increíble! Desde el momento que recibimos su amor, podemos comenzar a compartirlo con otros y después lo devolvemos hacia Dios.

Identidad

Dios ha derramado de su amor sobre nosotras. Él ha sido generoso en darnos un regalo. ¿Qué hemos hecho con esos dones que recibimos? ¿Los hemos rechazado por pensar que no somos dignas de ser amadas, aceptadas y cuidadas? Quizá el problema se deba a que, aunque creíste en el amor de Dios, nunca lo recibiste y eso te impidió disfrutar de tu verdadera identidad en Cristo.

Ninguna de las personas que te conocen puede sondear tu corazón y alma como lo hace Dios. Él sabe todo sobre ti. Él conoce cada cabello de tu cabeza, todo pensamiento que pasa por tu mente, cada emoción que domina tu corazón. Lo que nos lleva a rechazar el regalo de la *identidad* es que nos definimos de acuerdo a lo que *hacemos*, no con lo que *somos*.

> **Lo que nos hace rechazar el regalo de la *identidad* es que nos definimos de acuerdo a lo que *hacemos*, no con lo que *somos*.**

Toma un momento para reflexionar. Expresa en las líneas de abajo lo que tú haces:

DÉJAME PRESENTARTE A TI MISMA

Ahora responde a este desafío: Sin mencionar todo lo que tú haces, ¿quién eres de verdad?

_____
_____
_____
_____

La segunda tarea es mucho más difícil, ¿verdad?

Nosotras somos mucho más que acciones, errores y aciertos. Pero solemos apretarnos dentro de una caja a la que llamaré la «caja del desempeño». La verdad es que se trata de una caja muy pequeña... Desde luego, ¡Dios no nos hizo para caber allí! Sin embargo, te apresuras a estar totalmente limitado y definido por lo que haces, no por quién eres en Jesús.

Tú eres quien Dios dijo que eres. Disfruta tu derecho al palacio y abandona la vida de esclavitud.

Te doy un ejemplo: si tienes problemas con la mentira, quizá digas: «Soy una mentirosa». Al hacerlo, a partir de ese momento usaste tu fe contra ti misma. Las tentaciones no te definen. Los errores tampoco. Las caídas mucho menos. Porque Jesucristo ya te ha definido. Tú no eres el conjunto de tus errores. Me encanta la idea de que seamos definidas por las virtudes que tenemos y por lo que Dios dice sobre nosotras.

El legalismo se trata del «hacer». Tu relación con Jesús se trata de «ser». *Tú eres todas las cosas que Dios ya dijo sobre ti; la identidad ya te fue concedida, solo hace falta que la aceptes.* Hasta que eso no suceda, desafortunadamente pasarás toda la vida viviendo como esclava aun teniendo derecho al palacio.

Celebra quién eres

Tullido de ambos pies, Mefiboset vivía en Jerusalén, pues siempre se sentaba a la mesa del rey.
—2 SAMUEL 9:13

¡El final del relato es increíble! Cuando por fin Mefiboset comprendió quién era de verdad y aceptó su identidad, todo cambió. Podemos comparar la dificultad física de Mefiboset con nuestras propias debilidades. Desde luego no somos perfectas. Nuestras flaquezas, debilidades, inestabilidades quizá son nuestro pan diario. Pero debes saber que podemos tener comunión y comer con nuestro Rey Jesús incluso con nuestras faltas. Todavía tenemos un pacto con Dios, sellado, ratificado por la sangre de Jesucristo. Es más: Podemos celebrar esa revelación. ¡Él nos acepta y nos ama! Este es un motivo más que suficiente para celebrar, ¿verdad?

DÉJAME PRESENTARTE A TI MISMA

Ofrecemos a Dios lo que tenemos, y recibimos de Él lo que tiene. Dios, a cambio, toma todos nuestros pecados y fracasos, nuestras faltas y debilidades para sí y nos ofrece de sí mismo, capacitación, justicia y fuerza. Él toma nuestra pobreza y nos concede sus riquezas. Él toma nuestras enfermedades y nos da sanidad. Él toma nuestro pasado caótico y lleno de fracaso, y en su lugar nos da la esperanza de un futuro prometedor.

¡Siéntate a la mesa con el Padre y celebra con Él tu identidad! Algo poderoso sucede cuando salimos de nuestra zona de confort. La zona de confort de Mefiboset era Lo Debar. Allí, nadie sabía quién era, por eso podía quedarse en su mecedora repitiéndose: «Soy un miserable. Nadie me quiere. He sido agraviado en la vida…». Mefiboset se rechazó a sí mismo incluso antes de que el mismo rey lo rechazara. Celebrar quién eres es llenarte de confianza y cumplir tu propósito en este mundo. Empieza a ver las cosas según la perspectiva de Dios, no la tuya. Jesús lo ve todo de un modo distinto porque siempre ve el final desde el principio.

Me contaron el relato de un hombre en la India que cargaba dos cántaros grandes de agua, uno en cada una de las extremidades de la caña que llevaba por detrás del cuello. Uno de los cántaros era perfecto y siempre se mantenía lleno desde el inicio del trayecto en la fuente hasta la casa de su amo. El otro tenía una grieta y cuando llegaba a su destino el agua estaba por la mitad.

Identidad

Todos los días durante dos años, el hombre entregaba un cántaro y medio de agua en la casa de su amo. El cántaro perfecto se sentía orgulloso de su desempeño, pues cumplía a la perfección su propósito, pero el cántaro rajado se avergonzaba de su imperfección y era infeliz por realizar solamente la mitad de la tarea que se le había destinado a hacer.

Al cabo de dos años de fracaso, el cántaro imperfecto le dijo al hombre:

—Siento vergüenza de mí mismo y pido perdón.

—¿Por qué? ¿De qué te avergüenzas? — le preguntó el hombre.

—La verdad es que durante estos dos últimos años solamente he sido capaz de entregar cada día la mitad del agua, porque la grieta que tengo la derramo por el camino hacia la casa del amo. Por causa de mi defecto, tienes que hacer todo tu trabajo sin poder cobrar el valor completo que te corresponde.

El hombre se sintió apenado por el viejo cántaro rajado y, en su misericordia, dijo:

—Mientras volvamos a la casa del amo, me gustaría que observaras las lindas flores del camino.

De hecho, mientras subían el cerro, el viejo cántaro se dio cuenta de las bellas flores del campo por donde pasaban. Pero al final del camino nuevamente estaba triste, porque sabía que la mitad del agua ya se había derramado. El hombre volvió a decirle:

DÉJAME PRESENTARTE A TI MISMA

—¿Has visto que solo había flores de *tu* lado del camino? Y eso es porque, al conocer yo tu imperfección, he sacado partido de ella plantando semillas de flores por donde pasabas. Todos los días mientras caminábamos desde la fuente has estado regando las semillas y por dos años he cosechado bellas flores para adornar la mesa de mi amo. Si no fueras exactamente como eres, él no hubiera recibido tamaña belleza en su casa.

Así como ese cántaro viejo y agrietado, tú también puedes realizar cosas maravillosas y celebrarte a ti misma. ¡Celebra tu identidad y quién fuiste creada para ser, porque estoy segura de que tu Creador, y el que más te anima, ya lo hace cada día!

Usa el espacio a seguir para escribir tu historia teniendo en cuenta el relato de los cántaros de barro. Evalúa las flores de tu camino y descríbelas aquí.

CAPÍTULO 2

Expectativas

EMPIEZA HOY A DISFRUTAR DE LA LIBERTAD

En el Antiguo Testamento había 252 leyes que componían el código establecido por los judíos. Ya en los tiempos de Jesús, el judaísmo había multiplicado por tres esa cifra: 603 leyes. Alrededor de 100 de ellas habían sido escritas en contra de las mujeres. Los fariseos eran expertos en establecer dificultades para las mujeres; así que, cuando Jesús vino para liberar a los cautivos (Isaías 61:1), las mujeres muy probablemente eran el grupo más afectado.

Jesús se dirigía a las mujeres de modo respetuoso y honroso. Él las protegió de acusaciones, les perdonó sus pecados y les demostró amor y afecto.

Jesús sencillamente rompió todos los «noes» sin razón que se habían establecido en contra de las mujeres, y desafió las reglas impuestas por los hombres. Ejemplo de ello fue que enseñaba en la parte externa del templo para que las mujeres pudieran unirse a los oyentes. El Maestro llamó una mujer lisiada a un área del templo reservada a los hombres y allí mismo la sanó. Le dijo a Marta que el lugar de María, en aquel momento, era a sus pies, no en la cocina, aunque en aquel entonces nadie se atreviese a enseñarle eso a las mujeres.

Expectativas

Los rabinos, sin embargo, consideraban preferible quemar la Torá a tener que enseñársela a las mujeres. Por el contrario, Jesús incluyó a varias mujeres a su equipo ministerial, permitiéndoles acercarse a él, así también como las tocó para que fuesen sanadas. Y todo ello sucedió cuando la mujer ni siquiera podía dirigirle la palabra a un hombre, mucho menos cruzar la calle sin llevar un velo que le cubriera la cabeza. Jesús se dirigía a las mujeres de modo respetuoso y honroso. Él las protegió de acusaciones, les perdonó sus pecados y les demostró amor y afecto.

El diálogo más largo registrado en la Biblia es el de Jesús y una mujer: la samaritana (que era un grupo rival de los judíos israelitas). Además de hablar, Jesús le enseñó teología, un tema expresamente prohibido de ser tratado con una mujer. Y aun fue más lejos: Jesús le reveló su verdadera identidad como Mesías a aquella mujer cuya lista de actos considerados reprochables era bastante larga.

En ningún momento, Jesús pensó que había roto suficientes reglas al pasar demasiado tiempo enseñándole. No. Él vio en la mujer samaritana no solo un aprendiz, sino también una persona que podía propagar su enseñanza a otros. Esa mujer terminó por ser una de las primeras misioneras que conocemos.

Otro hecho inesperado de Jesús en su época fue su primera aparición después de la resurrección, confiándole el testimonio de su resurrección a una mujer: María

Magdalena. Al hacerlo, rompió uno de los mayores paradigmas de su tiempo: permitir que una mujer hablara de Dios y anunciara la salvación en el Jesús resucitado.

Lo más increíble de todos sus hechos fue ascender a los cielos y prepararnos un nuevo sitio para que tengamos comunión con él: un hogar eterno. Por esa razón la iglesia debiera ser el lugar más seguro, más libre y más abierto para empoderar a las mujeres y a cualquier persona.

Hoy, una mujer puede crecer y convertirse prácticamente en todo lo que anhele: comandante espacial de la NASA, como Eileen Collins; secretaria de Estado, como Condoleezza Rice; o una de las 500 mayores CEOs del mundo, como Anne Mulcahy, de la Compañía Xerox. Puede ser incluso reina, como Elizabeth II de Inglaterra; o primera ministra de una nación como Israel, como Golda Meir. También puede ser presidenta del Supremo Tribunal Federal, como Carmen Lucia Antunes Rocha; o presentadora de programas de televisión, como Gloria María, ambas brasileñas. Pese a eso, en muchas iglesias cristianas la mujer no puede ser ministro eclesiástico ni siquiera maestra.

Hoy es el día que Jesús eligió para mostrar algo que Él ya ha hecho por ti. ¡Además de ser elegida, has recibido la autorización del cielo para destacarte y liderar!

Pero ¿cómo hacerlo? ¿Cómo entender el empoderamiento dado por Jesús?

Expectativas

Libérate del síndrome de perfección

Cuando llegaba el día de ofrecer su sacrificio, Elcaná solía darles a Penina y a todos sus hijos e hijas la porción que les correspondía. Pero a Ana le daba una porción especial, pues la amaba a pesar de que el Señor la había hecho estéril. Penina, su rival, solía atormentarla para que se enojara, ya que el Señor la había hecho estéril. (...) Una vez, estando en Siló, Ana se levantó después de la comida. Y a la vista del sacerdote Elí, que estaba sentado en su silla junto a la puerta del santuario del Señor, con gran angustia comenzó a orar al Señor y a llorar desconsoladamente. Entonces hizo este voto: "Señor Todopoderoso, si te dignas mirar la desdicha de esta sierva tuya, y si en vez de olvidarme te acuerdas de mí y me concedes un hijo varón, yo te lo entregaré para toda su vida, y nunca se le cortará el cabello."

—1 SAMUEL 1:4-6, 9-11 NVI

El mundo establece un modelo demasiado alto para las mujeres. La mujer tiene que ser bella, exitosa, estar en forma, ser segura y feliz. Tiene que cuidar su hogar, sus hijos y su marido, si los tiene. Debe ser inteligente, emocionalmente estable, tener la autoestima elevada. En otras palabras, debe ser *Wonder Woman* (La mujer maravilla), aprender a volar y, si es posible, ser igual de esbelta que ella. O sea, el mundo espera que seas perfecta.

En el tiempo de Ana y Penina, una mujer solo se sentía perfecta si era madre. Aunque lo tuviera todo, si no tenía hijos era considerada «imperfecta» e «incompleta» ante los ojos de la sociedad. Por eso Ana pensaba que su vida estaría completa cuando tuviese el hijo que tanto anhelaba. Pese a que era amada y aceptada por su marido, aun así, era como si algo le faltara. Ana se veía imperfecta en un mundo para el que no se admitía otra cosa que no sea la perfección.

Pero ha llegado el momento de apropiarte de una verdad que cambiará el rumbo de tu historia: Dios no espera que seas perfecta. Todo lo contrario. Él ya conoce tus imperfecciones. Dios sabe que has estado llorando como Ana y que le has estado clamando para que te entregue «lo» que falta para llenar tu «caja de desempeño» y considerarte perfecta. Pero tengo algo que decirte: Este día nunca llegará.

La razón es sencilla: nuestras imperfecciones están directamente asociadas a nuestra dependencia de un Salvador. Si fuésemos tan perfectas como a nosotras nos gustaría, ¿qué falta haría el sacrificio de la cruz? Porque a quién mucho se le perdona, mucho ama (Lucas 7:47). Lo mejor es cuando nuestros defectos no nos alejan de Dios, sino que nos guían a un camino que nos lleva a depender de Él.

Expectativas

Yo no soy una predicadora perfecta; a veces digo cosas equivocadas, a veces creo que Dios habla conmigo, pero en realidad estoy hablando conmigo mis propios pensamientos. Cuando mi marido me escucha predicar, al final de la reunión me acerco a él y le pregunto: «Ya sé... ¿dónde me equivoqué? ¿He dicho alguna tontería?» La verdad es que sé que no soy perfecta.

No tengo que pensar que Dios solo me acepta si tengo un desempeño excelente. Sin embargo, debo hacer todo lo mejor que pueda y luego descansar, porque nada va a cambiar mi identidad de hija amada del Padre. Lo mejor siempre tendrá imperfecciones. Sin embargo, fue por ello que Jesús murió por mí y por ti, y Él mismo es quien se encarga de justificarnos. ¿Te acuerdas de la «caja de desempeño» que mencionamos en el capítulo anterior? Si crees que serás feliz solo cuando tu desempeño sea perfecto, eso significa que solo serás feliz en el cielo.

Con el paso del tiempo, he llegado a dos conclusiones excluyentes: tiramos la toalla y vivimos bajo la indisciplina, o seguimos en una búsqueda continua por el matrimonio perfecto, el vecindario perfecto, la casa perfecta, la amiga perfecta, la iglesia perfecta. La verdad es que la perfección no existe, pero sí el equilibrio, ¡y a este debemos anhelar!

Pensemos en ello de forma práctica. Haz una pequeña lista de los puntos en que eres excelente en la columna izquierda y una lista de las áreas en las que buscas la excelencia a la derecha:

DÉJAME PRESENTARTE A TI MISMA

Soy excelente en	Busco la excelencia en

Si eres como la mayoría de las mujeres, tu lista «Busco la excelencia en» será más larga que la «Soy excelente en». En caso contrario, estoy segura de que la segunda columna habrá sido más fácil de completar.

Yo, sin embargo, tengo buenas nuevas: Me permito ser imperfecta y dejar que los demás también lo sean. Es por eso que amo a Jesús. Es muy tranquilizador saber que, mientras los demás solo miran nuestros errores, ¡Dios todavía ve nuestras posibilidades! Eres libre para ser imperfecta. No tenemos que probarnos nada a nosotras mismas ni a nadie. Si le obedecemos a Dios, él cuidará nuestra reputación.

> **Mientras los demás solo miran nuestros errores, ¡Dios todavía ve nuestras posibilidades!**

Expectativas

Libérate de la comparación

En 1 Samuel 1:1-20, en la historia de Ana encontramos escenas de cómo ella vivía y de sus intrigas con Penina, la segunda mujer de su marido Elcaná. Lo que llama la atención es justamente la rivalidad entre ambas. Penina, por haber tenido hijos, provocaba a Ana, que, a su vez, ni siquiera podía comer a causa de la tristeza que tenía por ser estéril. Sin embargo, ninguna de las dos percibía que Penina estaba más satisfecha por hacerle la vida imposible a Ana que, por ser fértil, y Ana se ponía tan triste que no veía cuánto la amaba su marido aun si no le daba hijos.

El ambiente del hogar respiraba la rivalidad entre las dos. No había lo que se conoce por «sororidad», un término derivado del latín *sóror*, cuyo significado es *hermana*. Se trata de un neologismo empleado para hacer mención de la solidaridad que existe entre mujeres, la hermandad, la empatía y la unión. Es entender el dolor y los motivos de la otra persona antes de apuntarle con el dedo. Es creer que juntas somos mejores, más fuertes, menos frágiles y más capaces.

En la sociedad actual, las mujeres no suelen desarrollar esa característica. Es normal escuchar: «Mujeres juntas, señal de discusión», «Mujeres unidas, peligro a la vista», y lo peor: «chisme». Desde muy jóvenes, aprendemos que no hay amiga que no tenga envidia o celos de la otra. La competencia parece ser nuestra fiel compañera. El sentimiento de sororidad (hermandad) va en contra de ello y promociona una bella unión entre las mujeres, algo más parecido con lo que algunos hombres desarrollan, quizá con más facilidad cuando se protegen mutuamente, haciéndose más compañeros.

Creo que es tiempo de acabar con el estigma de que «la mujer es como es». Doy algunos ejemplos: suegra y nuera están a lo mejor buscando la atención del hijo y marido; las hijas pelean por la herencia de los padres; las madres discuten para que sus hijos tengan el mejor papel en la obra de teatro del colegio; las colegas de trabajo hacen trampas para ganar una mejor función; las chicas se preocupan en llevar el vestido más bonito en el baile. No, en definitiva, no fuimos creadas para vivir con ese espíritu de arrogancia y competencia que muchas veces nos rodea.

Podemos decir que, la mayoría de las veces, las mujeres que conoces no son tus enemigas, sino tus hermanas. La vida no es una gran competencia en la que solo una obtiene el primer lugar. ¡La vida es mucho más que eso! Más que desempeño, disputas u otra cosa. La vida está hecha de relaciones, no se trata de ganarle a las personas que están a nuestro alrededor. No se trata de pensar que lo que a ti te falta y otra tiene, la convierte automáticamente en tu rival. En general caemos en la trampa de la comparación porque creemos que la vida es una carrera muy competitiva.

Juntas somos mejores, más fuertes, menos frágiles, más capaces.

Expectativas

Te animo a un desafío. Piensa en algunas mujeres que son extremadamente importantes en tu vida y decide hoy darle algún reconocimiento. Puede ser un simple mensaje, un regalo, una carta. La idea es que nos apoyemos mutuamente, no agraviarnos las unas a las otras. Debemos ayudarnos, respetarnos y amarnos. Elige cinco mujeres y diles cuán especiales son para ti. Escribe aquí sus nombres y los motivos por los cuales son parte de tu lista de gratitud. Después, comparte con ellas ese desafío para que ellas hagan lo mismo. ¡Estoy segura de que generarás una poderosa cadena de gratitud, amabilidad y sororidad!

Nombre	Motivo de gratitud

No nos atrevemos a igualarnos ni a compararnos con algunos que tanto se recomiendan a sí mismos. Al medirse con su propia medida y compararse unos con otros, no saben lo que hacen.

—2 CORINTIOS 10:12 NVI

DÉJAME PRESENTARTE A TI MISMA

Cada cual examine su propia conducta; y, si tiene algo de qué presumir, que no se compare con nadie.

—GÁLATAS 6:4 NVI

Ana solía compararse con Penina: «¡Ah, si yo al menos tuviera hijos, sería completamente feliz y me sentiría realizada!». A su vez, Penina comparaba su vida con la de Ana: «¡Ah, si Elcaná me amase como a Ana, yo sería completamente feliz y me sentiría realizada!». La verdad es que, si las cosas fueran como ellas deseaban, aun así, no serían completamente felices, ni tampoco se sentirían realizadas.

Nuestra satisfacción debe estar en Jesús sin tener en cuenta las circunstancias. Cuando somos presas del vicio de la comparación, no conseguiremos sentirnos satisfechas en la vida. Podemos comparar cosas, pero nunca personas. Nadie es igual en este mundo. Dios no nos hizo en serie. Somos seres hechos de forma exclusiva y singular. Con un ADN y una huella digital totalmente distinta del otro. Aunque tengas una hermana gemela, ella no será igual a ti. Nadie puede vivir tu historia, hacer tu camino o tener la vida que tienes.

Ni siquiera los dedos de tus manos son iguales, ¿por qué desearías ser igual a otra persona? Según nuestro Creador, es insensato compararnos con los demás. Una total falta de sabiduría, ya que todos somos distintos. Quien se compara con otros, en realidad está actuando sin entendimiento. Vivimos en un mundo que oprime

Expectativas

a las mujeres, lo cual no es raro que crean que para ser aceptadas tienen que ser como otras, no como son en verdad. Llamamos a eso la dictadura de la copia.

No hay por qué vivir la angustia de alcanzar expectativas irreales. Dios no te creó para ser una copia de otra persona. Él te creó para que seas tú misma. Y eso es bello. ¡Hay autenticidad en ser quien fuiste creada para ser! ¡Puede ser que te inspires en otras mujeres, pero jamás fuiste llamada para ser una ovejita Dolly![1]

Deja de elegir la envidia

Cuando nos comparamos, además de menospreciarnos, estamos alimentando el sentimiento de envidia, que es también una elección. Siempre que sientes envidia significa que tú le diste cabida. Aunque la envidia te haga sentir miserable, fuiste tú quien la elegiste. Cuando elijes compararte, Dios te dice: «¡No lo hagas!», pero aun así elijes la envidia.

Si tienes la costumbre de comparar tu apariencia física, tu ropa, tus talentos, tu familia, o cualquier otra cosa, estás abriendo la puerta de la legalidad para la envidia y la baja autoestima en tu corazón. El antídoto para la comparación envidiosa es hacer lo mejor que puedas y dar espacio para la satisfacción sin jamás medir tu desempeño con el de los demás.

---

1. La oveja Dolly fue el primer mamífero clonado en el mundo desde una célula adulta, siendo ella una réplica perfecta de otra oveja.

DEJAME PRESENTARTE A TI MISMA

No intentes cambiar tus circunstancias motivada por la envidia

La persona con baja autoestima suele querer cambiar sus circunstancias para sentirse mejor: «Ellos tienen más dinero que nosotros; haré todo lo posible para cambiar eso», «El color rubio de su pelo es más platinado que el mío. Me haré más mechas», «Ella se compró un zapato color beige. Compraré uno beige y otro negro».

El único problema es que, cuando llegas a un determinado nivel, siempre habrá otro más por encima del anterior. Si lo que te motiva es la envidia, vas a experimentar un gran desgaste emocional. Filipenses 4:11 dice: *(...) he aprendido a estar satisfecho en cualquier situación en que me encuentre.*

Abre tu Biblia en este pasaje y subraya «he aprendido». Nos enseñaron a estar descontentas, por eso no es natural sentirse feliz con lo que tiene. «Estar satisfecha» es algo que necesitas aprender. Es un proceso educacional por el cual tienes que pasar. Algunas mujeres no se satisfacen ni siquiera con los cumplidos. Cuando le dicen: «Estás delgada». Suelen responder: «Son tus ojos. Puede ser que me veas más delgada porque llevo ropa negra». Si dices: «Tienes la piel joven y bella», escucharás: «Hija mía, es porque llevo 2 kg de maquillaje en la cara». Pero algo he aprendido: Tengo más de lo que merezco. Y así debe ocurrir contigo. Nosotras ya tenemos más de lo que merecemos, por eso podemos estar satisfechas en Dios.

Expectativas

No intentes forzar un cambio brusco de sentimientos

Puede ser que pienses: «Me esforzaré grandemente para no compararme con nadie», «Voy a hacer lo máximo para no sentirme así». Pero es imposible imponerte a ti misma un sentimiento. No es presionar un botón para que un sentimiento destructivo se vaya. El camino, según Dios, para no sentir envidia, no compararse y tener una autoestima equilibrada, es cambiar de perspectiva. O sea, cambia tu manera de ver las situaciones.

> Dios no tiene hijos favoritos; pero sí tiene propósitos diferentes para cada uno de sus hijos.

Siempre va a haber alguien que es mejor que nosotras en algún área. Luchar para ocupar el primer lugar es agotador y difícilmente lo lograrás. Pero eso no te quita el valor que tienes. Si te enfocas demasiado en lo que Dios le dio a otra persona, podrás olvidarte de hacer lo que Él te llamó a ti que hicieras. ¿El césped de tu vecino es más verde que el tuyo? ¿Y quién te garantiza que no sea sintético? Nadie sabe de verdad lo que viven los demás. Por eso no hace falta tener envidia de nadie. En realidad, deberíamos sentirnos satisfechas por aquello que ya hemos conquistado. Quien no aprende a celebrar sus propios logros no se sentirá completo jamás.

Si me voy de vacaciones a Gramado, Río Grande del Sur, seguro pondré en mi equipaje un abrigo, botines y bufanda. Pero si mi destino es Río de Janeiro, no puede faltar un bañador, un protector solar y un vestido corto. Para cada una de nosotras, Dios eligió un trayecto. Él ya puso en «nuestro equipaje», es decir, en nosotras, los elementos que apuntan para ese destino. ¡Descubre el tuyo! Dios no tiene hijos favoritos; pero sí tiene propósitos diferentes para cada uno de sus hijos.

Libérate del papel secundario

El mundo quiere poner en ti un filtro llamado «secundario». Ana pensaba que el rol en su familia era el secundario, justamente porque Penina tenía un hijo y ella no. La Biblia afirma que Penina siempre le recordaba a Ana que Dios la había dejado sin hijos. Es como si Penina le estuviera diciendo a Ana que su papel era el secundario, el de reparto, no el de protagonista, ¿lo entiendes? Pero si miramos el texto bíblico, en la presentación de Elcaná y su familia, leemos justamente lo contrario:

> *Elcaná tenía dos esposas. Una de ellas se llamaba Ana, y la otra, Penina. Esta tenía hijos, pero Ana no tenía ninguno.*
> —1 SAMUEL 1:2

En el texto Penina es referida como la «otra» o la «segunda» mujer. Incluso cuando se trataba de repartir la porción del sacrificio entre las mujeres y los hijos,

Expectativas

Elcaná le dio a Ana una porción doble. De hecho, era una cuestión de perspectiva. Aun recibiendo una porción especial, Ana se veía a sí misma como alguien que había sido olvidada en el banco de reserva. De igual manera pasaba con Penina. Incluso siendo protagonista de su historia, no estaba satisfecha hasta que Ana ocupase un papel secundario.

La sociedad en general nos dice a las mujeres que para ser grandes necesitamos a alguien, debemos casarnos con un gran hombre para ser una gran mujer. Ojo: no estoy diciendo que no necesitas a nadie, pues sí dependemos unos de los otros. Sin embargo, muchas mujeres piensan que no pueden cambiar el rumbo de su vida, sin que para ello dependan de A, B o C. En otras palabras, no se ven como protagonistas.

La vida está hecha de resultados y de excusas. Si somos lo bastante buenas en presentar resultados como lo somos para encontrar excusas, causaríamos una revolución donde nos encontramos. Muchos alumnos justifican haber sacado una nota baja porque supuestamente no le caen bien al profesor, en vez de reconocer que no estudiaron lo suficiente.

En general, la gran mayoría de los fracasos provienen de personas que tienen la costumbre de poner excusas a todo lo que sucede. En vez de trabajar mejor sus propias limitaciones para alcanzar mejores resultados y crecer. Pero esas personas prefieren el camino más corto, el de las excusas. Por supuesto es más fácil señalar a los demás, delegar la responsabilidad a otros, en vez de dar por sentado que: «¡Necesito mejorar!». ¿Ves cómo Penina señalaba a Ana con el dedo y viceversa?

> Si no tienes un buen ejemplo en tu familia, sé tú el ejemplo.

Debemos trabajar con lo que Dios puso en nuestras manos. Si la vida te dio limones, haz una limonada. Abandona la posición de víctima y el sillón hamaca. ¡Basta ya de hacerte la pobrecita: «¡Ah, si tú supieras cómo es mi familia…»!

Podría ahora mismo hacer un listado enorme de las cosas que hizo mi padre: traicionó mi madre; la dejó cuando yo tenía tres años; nunca me llamó en mis cumpleaños. En resumen, nunca estuvo presente en mi vida. Mi madre educó sola a cinco hijos. Pero, si me pongo a pensar en ello, nunca voy a salir de mi sillón.

Si no tienes un buen ejemplo en tu familia, sé tú el ejemplo. Sé tú la protagonista de la historia. Deja ya de transferir tu felicidad y satisfacción a otras personas. David, por ejemplo, no tenía a nadie que creyera en él, nadie que lo animara o impulsara. A decir verdad, incluso su padre, que debería amarlo, se olvidó de él. ¿Y qué hizo David? ¿Se sentó en su mecedora lamentándose de por vida? No. Él creyó en su potencial.

> ¡Creer en ti misma es vivir según el poder de Dios que hay en ti!

Si no creemos en nosotras mismas, de hecho, no estamos creyendo

Expectativas

en Dios, pues Él actúa en base a nuestra fe. Ana rogó. Ana creyó. Ana hizo un voto. Ana dejó de mirar a Penina y volvió sus ojos hacia quién podría concederle el deseo de su corazón. Y así su ruego de fe fue atendido. Sin embargo, el mundo está lleno de mujeres que prefieren ser víctimas: «¡Si yo te contara...!».

La Biblia nos relata la historia de un hombre que nació ciego (Juan 9). Algunas personas preguntaron: «Rabí, para que este hombre haya nacido ciego, ¿quién pecó, él o sus padres?» (v.2). Ellos querían encontrar alguien a quien echarle la culpa o sencillamente hallar una excusa para el hombre.

Nosotras solemos hacer lo mismo hoy. Por eso, la respuesta de Jesús me encanta: «Ni él pecó, ni sus padres —respondió Jesús—, sino que esto sucedió para que la obra de Dios se hiciera evidente en su vida» (v.3). Con su respuesta Jesús nos enseña que, al enfrentarnos a la adversidad o a los golpes de la vida, no debemos amargarnos. No podemos dejar que el problema u otra persona sea el protagonista de nuestra historia; pero tampoco debemos culpar a los demás por las circunstancias complicadas que enfrentamos. Así que no te detengas. Dios puede usar tu vida, aunque tu mente tenga una larga lista de limitaciones. La verdad es que Dios siempre fortalece todavía más a los que están dispuestos a servirle. ¿Por qué sería diferente contigo?

Reconoce que eres una excelente candidata a través de la cual Dios puede demostrar Su favor y bondad. Si te crees limitada o en desventaja, no digas: «Señor, esto no es justo». Sino ten valor y declara: «Estoy lista, Dios. Sé que tú tienes algo para mí. Rehúso a vivir derrotada y deprimida. Sé que esta aparente desventaja es una oportunidad para que tú actúes y me enseñes tu amor por mí».

Esto fue justo lo que pasó con Tony Meléndez. Quiero compartir su historia aquí. Tony nació sin los brazos y aun así anhelaba tocar la guitarra. Algo en su interior le decía que debería componer y cantar. Él podría haber puesto varias excusas, a fin de cuentas, no tenía las extremidades superiores. Sin embargo, él aprendió a tocar la guitarra con los dedos de los pies. Hoy Tony viaja por el mundo actuando. ¡Qué actitud! ¡Qué determinación! ¡Qué fuerza de voluntad! Admiro las personas que actúan así, que persiguen sus objetivos aun cuando las circunstancias dicen que no.

Cuando Dios pone un sueño o una promesa en tu corazón, Él te da todo lo que hace falta para que lo tornes en realidad. Dios no le hubiera dado a Tony el deseo de tocar la guitarra sin darle también la habilidad para hacerlo. Tony no nació para ser un actor secundario de su historia. Su discapacidad no sería la protagonista. Desde el punto de vista humano, no tener los brazos puede parecer una deficiencia, pero sé que, en Dios y para Dios, no hay deficiencias.

Cuando Dios nos creó a ti y a mí, no estaba enfadado. Él me creó con un propósito y un destino para cumplir y

Expectativas

haré lo mejor que pueda para honrarlo. La mayoría de las personas nunca ha tenido que lidiar con nada tan desafiante como la ausencia de miembros del cuerpo. Sin embargo, las personas suelen dejar que problemas mucho más comunes, como el divorcio, dificultades financieras y frustraciones, las opriman.

Ya viví una fase de silla mecedora. Fui tentada a actuar como actriz de reparto de mi propia historia. Cuando empecé en el ministerio con mi marido Arthur (quien entonces era mi prometido), lo miraba y me desesperaba. Era muy gentil y demasiado tranquilo. Hablaba despacio y escuchaba a todo el mundo con mucha paciencia. Aunque el mundo a su alrededor estuviera a punto de explotar, él no perdía la concentración.

Era muy querido y amado por las personas. Entonces yo pensaba: «Dios, tienes que cambiarme y ¡debes hacerlo rápido! Estoy en desventaja. Soy muy intensa, hablo demasiado rápido y mientras los demás están conversando, yo me adelanto». Quien me conoce sabe que soy exactamente así. Permanecer demasiado tiempo en un mismo tema, me es complicado, porque dentro de mí ya lo tengo solucionado y quiero avanzar.

Suelo decir que soy una máquina en aceleración constante. Llegué a pensar que debería ser lenta, calma y amable como Arthur, hasta que empecé a imaginar a dos de nosotros, dos *Arthures* juntos... Entonces me di cuenta de que Dios me había creado con un propósito: uno complementario al otro.

DÉJAME PRESENTARTE A TI MISMA

¿Conoces la historia de Zaqueo? Él era un hombre bajito, por eso pienso que quizá quisiera ser más alto. Pero si Dios nos hizo como somos con un propósito, debemos conocerlo. Si Zaqueo hubiera tenido una altura mediana como los demás, quizá nunca hubiera subido a un árbol, ni hubiera llamado la atención de Jesús en medio de la muchedumbre. ¿Por qué entonces te quejas de cómo eres?

Una vez escuché un relato que jamás olvidaré. Se trataba de una joven atleta que, aunque no tenía una de las manos, quería jugar fútbol americano. El médico del club le preguntó: «¿Cuál es tu discapacidad?». «Ninguna, doctor. No tengo ninguna discapacidad. Solo me falta la mano derecha», contestó. ¡Admirable!

«No tengo ninguna discapacidad; solo toco la guitarra con los pies.», «No tengo ninguna deficiencia; únicamente soy un poco más acelerada e intensa que otras personas.», «No tengo ninguna deficiencia; es que no soy tan alto como los demás.»

Asume una perspectiva más elevada de ti misma. ¡Deja de hacerte la víctima! ¡Deja de lamentarte y dar excusas! Tú no eres la víctima. No existen desventajas cuando Dios está a nuestro lado, porque todas las cosas ayudan para bien (Romanos 8:28). Te animo a vivir sin depender de las excusas. Mira lo que sí puedes hacer. Enfócate en tus dones. Rehúsate a sentir lástima de ti misma.

«Todo en la vida es una cuestión de punto de vista. Para la hormiga, una gota de lluvia es un tsunami.»

Expectativas

Puedes ser la protagonista de tu historia, no importa lo que estés enfrentando.

Armemos un plan de acción ahora. ¿Cuáles son las áreas de tu vida de las cuales necesitas tomar las riendas? ¿Cuáles son a menudo tus excusas y quejas para no seguir hacia delante? Escríbelas abajo.

_____
_____
_____
_____
_____
_____

Ahora piensa en tus dones. ¿Cuáles son? Si no estás segura o no los sabes, piensa en las cosas que generalmente haces naturalmente con excelencia y que de alguna manera están orientadas hacia los demás. ¡La forma más sencilla es comenzar con una lista de tareas prácticas que pueden cambiar tu perspectiva! Desde el cajón lleno de papeles que necesitan tu atención y te juzgas desordenada cuando necesitas algo y no lo encuentras, hasta la ropa en tu ropero que pueden ser donadas a una asociación benéfica. Incluso esa llamada a una amiga a quien le debes una visita desde hace muchos años. Haz una lista fácil, sencilla y práctica, y descubre ¡cuánto puedes realizar si eres la protagonista de tu historia!

CAPÍTULO 3

Singularidad

EMPIEZA HOY A RECIBIR AMOR

El Señor le dijo a Samuel:

—¿Cuánto tiempo vas a quedarte llorando por Saúl, si ya lo he rechazado como rey de Israel? Mejor llena de aceite tu cuerno, y ponte en camino. Voy a enviarte a Belén, a la casa de Isaí, pues he escogido como rey a uno de sus hijos.

—¿Y cómo voy a ir? —respondió Samuel—. Si Saúl llega a enterarse, me matará.

—Lleva una ternera —dijo el Señor—, y diles que vas a ofrecerle al Señor un sacrificio. Invita a Isaí al sacrificio, y entonces te explicaré lo que debes hacer, pues ungirás para mi servicio a quien yo te diga.

Samuel hizo lo que le mandó el Señor. Pero, cuando llegó a Belén, los ancianos del pueblo lo recibieron con mucho temor.

—¿Vienes en son de paz? —le preguntaron.

—Claro que sí. He venido a ofrecerle al Señor un sacrificio. Purifíquense y vengan conmigo para tomar parte en él.

Entonces Samuel purificó a Isaí y a sus hijos, y los invitó al sacrificio. Cuando llegaron, Samuel se fijó en Eliab y pensó: "Sin duda que este es el ungido del Señor". Pero el Señor le dijo a Samuel:

—No te dejes impresionar por su apariencia ni por su estatura, pues yo lo he rechazado. La

Singularidad

gente se fija en las apariencias, pero yo me fijo en el corazón.

Entonces Isaí llamó a Abinadab para presentárselo a Samuel, pero Samuel dijo:

—A este no lo ha escogido el Señor.

Luego le presentó a Sama, y Samuel repitió:

—Tampoco a este lo ha escogido.

Isaí le presentó a siete de sus hijos, pero Samuel le dijo:

—El Señor no ha escogido a ninguno de ellos. ¿Son estos todos tus hijos?

—Queda el más pequeño —respondió Isaí—, pero está cuidando el rebaño.

—Manda a buscarlo —insistió Samuel—, que no podemos continuar hasta que él llegue.

Isaí mandó a buscarlo, y se lo trajeron. Era buen mozo, trigueño y de buena presencia. El Señor le dijo a Samuel:

—Este es; levántate y úngelo.

—1 SAMUEL 16:1-12

Reconoce que eres amada

El capítulo 16 de 1 Samuel habla sobre momentos de la vida de un personaje que reconocía su singularidad y que tenía su identidad firmemente establecida en Dios: David. Seguramente ya has escuchado los relatos de sus hazañas. Sin embargo, aun conociendo la historia de David, que era un improbable, nos asombra ver cómo Dios usa a determinadas personas o que nunca podría usarnos a nosotras. Es que nos olvidamos que el Señor tiene una perspectiva distinta de la nuestra. Él mira desde dentro hacia afuera. Los poco prometedores, los que, según nuestra perspectiva no deberían ocupar la posición que ocupan, los olvidados, los rechazados, los humillados, son estos que Dios muchas veces usa para cumplir sus propósitos. Nuestro Dios es experto en usar de forma única y poderosa justo a quienes están al margen de la sociedad u ocultos en los rediles.

Tu corazón y tu manera de reconocer el amor de Dios, determinarán hasta dónde llegarás. Este es el secreto de David: su corazón. Para ello hace falta desarrollar una intimidad con el Padre y adquirir la madurez de hijos que saben cuán amados son por Él. Es justo lo que Dios anhela hacer en tu vida. Incluso en nuestra limitada comprensión humana debemos reconocer, recibir y aceptar el amor de Dios por nosotras. David lo logró. Aun en medio de los obstáculos y batallas que emprendió, al final del día él estaba seguro del amor de Dios por él.

Dios puede odiar lo que haces y aun así amarte profundamente.

No hay nadie que nos conozca tan bien como Dios. Además de saberlo todo sobre nosotras, incluso nuestros defectos, aun así, nos acepta y aprueba. Eso no quiere decir que está de acuerdo con nuestro mal comportamiento, sino que está comprometido con nosotras como sus hijas. Quizá tú necesitas entender que Dios puede odiar lo que haces y aun así amarte profundamente.

¿Crees que Dios te ama? Él no espera que seamos perfectas para amarnos. Su amor es incondicional y completo, todo el tiempo. Él te ama dónde estás. Él no espera que llegues a lo más alto, al palacio, a ocupar una posición superior. Él te ama cuando todavía estás escondida «en el redil, cuidando las ovejas», o donde quiera que estés. Sin embargo, hace falta creerle y recibir su amor incondicional.

> Tu «Isaí» no se olvidó de ti. Él te puso en la maquinaria de Dios para forjarte y transformarte de pastor de ovejas en matador de gigantes y rey de Israel.

Quizá leas la historia de David y pienses: «Dios lo amó mucho. Incluso cuando su padre no se acordó de él, Dios envió a Samuel para que lo ungiera rey». ¿Te acuerdas cuando dije que Dios no tiene hijos favoritos? David no era más amado que los demás; sin embargo, él reconocía el amor de Dios, allí, en su escenario sencillo y humilde, y eso hacía que su corazón ocupara el lugar acertado para vivir las promesas de Dios. La disposición lo es todo, porque quien reconoce que es muy amado, se dispone a vivir los sueños de Dios.

La verdad es que todo el mundo necesita un Isaí en su vida. Déjame decirte una cosa: las personas que se olvidaron de ti fueron un «Isaí» en tu historia, y hacía falta que pasaras por todo aquello para poder reconocer el amor de

Dios y entender que Él nunca te ha olvidado. El olvido de Isaí le enseñó a David a luchar por su cuenta contra osos y leones, lo que finalmente fue la primera fase de su entrenamiento. El olvido de Isaí le enseñó a David a adorar a Dios, a tener resiliencia y resistencia para cumplir la misma tarea cada día, considerada por muchos como un trabajo mediocre y común. El olvido de Isaí le enseñó a David a esperar el tiempo adecuado y a tener gratitud por reconocer de dónde había salido. Tu «Isaí» no se olvidó de ti. Él te puso en la maquinaria de Dios para forjarte y transformarte de pastor de ovejas en matador de gigantes y rey de Israel.

Y esta esperanza no nos defrauda, porque Dios ha derramado su amor en nuestro corazón por el Espíritu Santo que nos ha dado.

—ROMANOS 5:5

La Biblia nos enseña que el amor de Dios fue derramado en nuestro corazón por el Espíritu Santo, lo que significa que, ese mismo Espíritu, cuando viene a habitar en nosotros por causa de la fe en Jesús, trae consigo el amor, porque Dios es amor.

Muchas mujeres no consiguen ser amables, gentiles, buenas hijas o esposas, ni siquiera madres como Dios manda, porque no comprenden la raíz del problema. Dios quiere revelarnos la naturaleza de nuestros problemas, y la respuesta para ellos está en Su Palabra. Si somos capaces de conectar el problema con la revelación bíblica, eso significa que el diablo será expulsado y el camino de liberación estará abierto delante de ti.

Quizá tu problema persista hasta hoy porque, aunque hayas creído en el amor de Dios, no lo recibiste de verdad. ¿Por qué algunas cosas parecen que nunca mejoran en nuestra vida? Porque al parecer intentamos lidiar con los malos frutos sin nunca llegar a la raíz de lo que de verdad tiene que ser tratado. Y, si el problema persiste, los frutos malos volverán a surgir. No importa cuántas veces echemos fuera ese tipo de fruto, al final otros volverán. Ese círculo feroz es demasiado frustrante.

Hace falta conocer la raíz del problema, pues de esa manera podemos cosechar buenos frutos. Dios puso este libro en tus manos porque quiere revelarte la raíz de tu problema y liberar tu vida de una vez.

¡Quizá tu gran problema sea la falta de amor!

Cuando fallas en demostrar un trato amable al prójimo, no te sientes único y especial. Si no eres capaz de amar, no serás amada y no lograrás sentirte querida. Sin embargo, necesitas entender que no puedes dar lo que no tienes. De hecho, si no eres capaz de dar amor, es porque quizá no estés recibiendo el amor de Dios.

¡Ha llegado el momento de aprender a recibir el amor de Dios! Cuando lo hacemos, Dios inicia un ciclo que nos bendecirá no solamente a nosotras, sino también a todos lo que están a nuestro alrededor. El plan de Dios siempre fue el mismo: que recibamos su amor, que nos amemos a nosotras mismas de forma equilibrada, que lo amemos a Él con todo nuestro corazón, nuestra alma, nuestras fuerzas y amemos a las personas que nos rodean.

Debemos preguntarnos: ¿Estamos siguiendo ese plan? Desde mi punto de vista, estamos bastante lejos de ello. Si no amamos con nuestro propio corazón, ¡mucho menos con el amor de Dios! ¿Quieres ser única, exclusiva y especial? Empieza amando a quien tienes cerca: tu familia, tus amigos, tus hermanos en Cristo, tus colegas. Seguro que lo notarán. No olvides que no teníamos ningún amor que ofrecer antes de que Dios nos amase primero. Dios nos amó primero, ¡y eso nos hizo capaces de amar también!

Asegúrate del amor de Dios por ti y ámate a ti misma. Quizá pienses: «Si no me amo ni siquiera a mí misma, ¿cómo puedo amar a los demás?».

Déjame decirte algo importante: Si Dios te ama, entonces tienes todas las condiciones para amar a los que son parte de tu vida. No hay excusas. Si el amor del Padre está en ti, da el primer paso. Empieza a poner en práctica el amor. Muchas veces, no conseguimos amar, sencillamente porque llevamos un estilo de vida egoísta, cuya preocupación está básicamente centrado en nosotras mismas. Dios desea que vivas de forma equilibrada e inspirada por él. Desde luego es posible sentirte profundamente amada por Dios y dedicar ese amor a los demás.

No lo dejes para mañana. Acepta ahora mismo el amor de Dios por ti. De ese modo, podrás decir sin miedo:

Singularidad

«Estoy creciendo. Mis errores no me hacen menos amada por Dios. Aunque Él me siga transformando día a día, Su amor me llena. ¡No rechazo lo que Dios acepta!». La certeza del amor de Dios genera en nosotras confianza y seguridad en Él. Esta es una gran verdad.

La confianza depende de cuán amadas nos sentimos. Yo no confiaría en mi marido si no tuviera la convicción de que soy muy amada por él. Con toda seguridad, muchas veces Dios te conducirá por caminos que no entiendes. En esos momentos, necesitarás reconocer el amor de Dios en tu vida. Pues, sin amor, no hay confianza; sin confianza, te sentirás sin dirección. Pues es el amor de Dios que sostendrá tu vida en momentos cuando nada parece ir bien.

El apóstol Pablo estaba convencido de que nada ni nadie podría apartarlo del amor de Dios (Romanos 8:38,39). A nosotras nos toca tener la misma seguridad, porque esta es la verdad. Acepta el amor de Dios por ti y esta será la base del amor por ti misma y por tu prójimo.

De ese modo, nada podrá apartarte del amor del Padre. Tú eres el objeto del amor de Dios y el canal para expresarlo en tu entorno. Pero ¿es posible expresar ese amor aun cuando las circunstancias son adversas? No siempre es fácil. Sin embargo, tendrás que ejercitarlo cada día, celebrando los detalles que te rodean y que son fruto de la gracia de Dios: el aire que respiras, tu familia, el don de la vida.

También debemos estar agradecidos independientemente de lo que estemos pasando. Para ello, tenemos que recordar lo que Dios ya ha hecho en nuestra vida. Como hijas de Dios, solemos pasar por periodos de amnesia espiritual. En medio de las aflicciones parece ser más difícil recordar las incontables acciones bondadosas que nos ha demostrado el Señor a lo largo de la vida. Eso quiere decir que tenemos que traer a memoria todo lo que hemos vivido y decirnos ¡cuán agradecidas y amadas somos por el Padre!

Creo que la mejor forma de compartir el amor que recibimos del Padre es amar a las personas sin expectativas previas y sin que nos motive algún tipo de recompensa. Cuando uno ama de verdad, no espera nada a cambio, ¿no es cierto?

El amor es suficiente en sí mismo; es el sentimiento más puro que puedes elegir. No hace falta tener justificativos, explicaciones o motivaciones. Recibimos el amor del Padre porque Él es bueno. Y compartimos ese amor de igual manera. Sin mirar a quien, sin esperar nada a cambio, sin recompensas o reconocimiento. El camino para sentir ese tipo de amor, si todavía no lo tienes, es poner en práctica actitudes de amor y así el sentimiento empezará a fluir de tu corazón. ¿Cómo? Elogia a alguien, prepárale una sorpresa, expresa palabras de vida, ora por ella. Es sencillo: imita el amor encarnado que vino a la Tierra. Adquiere el hábito de preguntarte a ti misma: ¿Qué haría Jesús en esta situación?

Ahora te toca a ti. Escribe una carta para Dios. Escríbele sobre lo que te impedía aceptar Su amor por ti y ten la seguridad de que a partir de este momento recibirás Su amor. Haz una declaración sincera y real; un compromiso de que aceptarás el amor del Padre.

Reconoce que no eres lo que haces

Si de verdad deseamos tener éxito en ser únicas, tenemos que comprender lo que nos justifica delante de Dios. El texto de Efesios 2:8,9 tiene una afirmación extraordinaria al respecto: «Porque por gracia ustedes han sido salvados mediante la fe; esto no procede de ustedes, sino que es el regalo de Dios, no por obras, para que nadie se jacte».

Por ello, concluimos que nuestras cualidades no pueden hacer nada para que Dios nos ame más; tampoco nuestros defectos pueden llevarle a amarnos menos. Así de sencillo.

David hizo muchas cosas que inspiran a generaciones y generaciones hasta el día de hoy. Él mató a Goliat, venció inúmeras batallas, fue fiel, humilde y obediente en muchas situaciones. Pero Dios no lo amó más por ninguna de sus hazañas. También es cierto que David tuvo sus momentos de errores, como mencioné en el inicio de este capítulo. Sin embargo, Dios no lo amó menos por causa de sus pecados. Dios no dejó de amarlo en ningún momento.

> **Nuestras cualidades no pueden hacer nada para que Dios nos ame más; tampoco nuestros defectos pueden llevarle a amarnos menos.**

¡Lo mismo pasa con nosotras! El problema es que muchas veces no reconocemos ese amor. Pero es cierto que el amor «exagerado» de Dios hacia nosotras no sirve de muleta para el pecado, sino de impulso para la santidad. De la misma manera, no entender el amor incondicional de Dios por nosotras termina por ser un bloqueo en el propósito de nuestra vida y una vida inferior a la que el Padre soñó para nosotras.

> **El amor «exagerado» de Dios hacia nosotras no sirve de muleta para el pecado, sino de impulso para la santidad.**

Muchas mujeres desperdician una parte considerable de su vida, quizá toda la vida, sintiéndose mal consigo mismas. Tal vez eso se deba a que el mundo parece decirnos a cada rato que nuestro valor está vinculado a lo que hacemos. No es inusual que nos pregunten: «¿A qué te dedicas?».

Singularidad

Es muy común que los padres comparen el desempeño de sus hijos con el éxito de otros: «El hijo del vecino siempre saca buenas notas», «Tu primo es muy educado. ¿Por qué no eres como él?». De esa manera, los niños crecen con la carga de tener que cumplir con las expectativas de los demás. Cuando se vuelven adultos, creerán que serán aceptados por los demás e incluso por Dios, solamente si hacen algo muy importante.

Ese tipo de comparación, lo único que hace es dejar agobiadas, agotadas y confundidas a las personas. En algunos casos, incluso mentalmente enfermas. Lo que explica por qué muchos consultorios de psicólogos y psiquiatras están apiñados de personas. En el fondo, lo que quieren es desahogar, abrir el corazón para que alguien las comprenda sin criticarlas. Quieren ser aceptadas. Quizá por no haber sido reconocidas por sus padres o familiares en la niñez, se sientan profundamente insuficientes e imperfectas en la vida adulta. Eso puede empezar en la adolescencia. En el caso de que el sentimiento de falta de amor sea persistente, puede causar daños irreparables en una persona.

¡Dios, sin embargo, tiene algo mucho mejor para nosotras!

Porque no tenemos un sumo sacerdote incapaz de compadecerse de nuestras debilidades, sino uno que ha sido tentado en todo de la misma manera que nosotros, aunque sin pecado. Así

DÉJAME PRESENTARTE A TI MISMA

que acerquémonos confiadamente al trono de la gracia para recibir misericordia y hallar la gracia que nos ayude en el momento que más la necesitemos.

—HEBREOS 4:15-16

Algunas palabras de ese texto bíblico son clave: *compadecerse, gracia, misericordia, confiadamente, recibir*. Aquí está la maravillosa verdad que transformará tu vida: ¡Jesús te comprende! Él nos comprende y se compadece de nosotros incluso cuando no nos entendemos a nosotros mismos, porque ve lo que hay detrás de todo.

Mientras las personas suelen ver solamente lo que hacemos, Jesús sabe por qué lo hacemos. Él nos mira a los ojos y se acuerda de nuestras heridas y dolores del pasado. Él sabe y conoce cada sentimiento de miedo, inseguridad, dudas y pensamientos erróneos que solemos tener sobre nosotras mismas.

Jesús te comprende. Él conoce tu historia. Él te acepta como eres, no por tu desempeño. La verdad es que la aceptación de Dios se basa en el desempeño de Jesucristo, no en el nuestro. Tú no eres único porque haces algo especial para Dios; sino por Su gracia. Es imposible merecer un favor; de lo contrario, no sería un favor, ¿verdad? Un favor es algo que alguien le hace a otro por bondad, no por mérito.

Fijémonos en los detalles de una parte de la historia de David. David puso a Urías, marido de Betsabé, al frente de una batalla para combatir con el enemigo, donde la lucha era más dura, porque tenía pensado apoderarse de su mujer, aun teniendo a su disposición todas las mujeres solteras de su reino, además de las esposas que ya tenía. El profeta Natán se presentó delante de David y lo exhortó. Mira lo que pasó cuando David se dio cuenta de lo que había hecho:

> ¡He pecado contra el Señor! —reconoció David ante Natán.
> —El Señor ha perdonado ya tu pecado, y no morirás —contestó Natán—.
> —2 SAMUEL 12:13

David recibió la gracia inmerecida de Dios.

Por supuesto que Dios se preocupa por nuestro mal comportamiento, pues él quiere que actuemos bien. Sin embargo, nuestras buenas actitudes no determinan el favor de Dios hacia nosotras. Dios nos ama. Punto. Él siempre está dispuesto a perdonar nuestros pecados. Y espera que hagamos buenas obras como resultado del amor que sentimos por Él. ¿Lo comprendes? Además, Él desea que nuestras actitudes sean una respuesta a lo que ya ha hecho por nosotras, para nosotras y en nosotras.

Hay momentos en los que hacemos cosas buenas por razones equivocadas. No nos damos cuenta de que nuestras motivaciones son muy importantes para Dios. A lo mejor leemos la Biblia cada día solo porque queremos que Dios esté satisfecho con nosotras. Al actuar de esa manera, la lectura se torna una carga insoportable y cuando dejamos de cumplir el objetivo, nos sentiremos culpables. ¿Por qué? Porque estamos leyendo la Palabra de Dios con la motivación equivocada. Nuestra motivación debe ser la inspiración del Espíritu Santo, que vivifica tanto el estudio de la Biblia como la búsqueda de la presencia de Dios.

Hace falta que tú empieces a leerla por la motivación correcta. Dios ya conoce Su Palabra, así que no hace falta que la leas para Él. Hazlo para ti misma. Y de esa manera sabrás qué es lo que Dios desea que hagas. La lectura de tan solo un versículo, acompañada de la comprensión práctica, es más importante que leer diez capítulos y al día siguiente no recordar nada. ¡Ten cuidado de no involucrarte demasiado en «hacer» y terminar por olvidándote del «ser»! Somos llamados «seres humanos» porque debemos «ser». De lo contrario, seríamos llamados «quehaceres humanos».

Acuérdate que necesitamos guardar nuestro corazón. Debemos tener mucho cuidado con las «necesidades» que pueden tornarse desenfrenadas. Yo defiendo la práctica del conocimiento, de aprender todo lo que uno pueda, pero no debemos permitir que una buena formación nos lleve al orgullo. Dios no nos usa por el simple hecho de ser instruidas, sino porque nuestro corazón mira hacia Él. Puede ser que tengas una voz encantadora y cantes muy bien y, sin embargo, Dios no te va a usar por causa de tu voz. Para Él, lo que importa de verdad, es tu corazón. Así que, ¡guarda tu corazón!

Singularidad

Ya he estudiado mucho. Soy licenciada en Derecho y en Sociología. En algunos periodos llegué a inscribirme en 14 asignaturas a la vez en la universidad. Cuando uno de los dos programas hacia huelga, yo daba gloria a Dios, mientras los demás se quejaban, porque así tenía un tiempo de descanso. Después me aventuré a hacer un postgrado antes de concluir la licenciatura.

Era la única alumna no licenciada que hacía trabajos de postgrado. Fui aceptada por el programa por causa de mi currículo. Pero nada de lo que estudié fue motivo para que Dios me usara más o menos. En definitiva, Él nos usa por causa de nuestro corazón. Creo firmemente que lo que de verdad marcó la diferencia en mi vida, lo que hizo que el favor de Dios me alcanzara, fue lo mucho que yo lo amaba, quería servirlo, y cuán capaz fui de renunciar a mis sueños por Él.

Deja ya de sentirte fracasada y condenarte por causa de tu desempeño. En vez de buscar lo que está mal en ti, empieza a desarrollar una relación con Dios. No seas como muchas mujeres que, al orar, pasan la mayor parte del tiempo quejándose delante de Dios, por lo que son. Al final, prometen mejorar, pero nunca pasan de la promesa.

En Romanos 8:1, leemos que no hay ninguna condenación para los que están unidos a Cristo. Así que, deja de intentar acertar todo el tiempo. Conoce quién eres en Dios y permite que él te ayude a hacer lo que sea por los motivos acertados.

DÉJAME PRESENTARTE A TI MISMA

Si sigues pensando que Dios te acepta por lo que haces, cuando falles, siempre te sentirás rechazada. Así que, guarda tu corazón en el Padre y Él actuará en ti y a través de ti.

Reconoce la voz acertada

Entonces David le dijo a Saúl:

—¡Nadie tiene por qué desanimarse a causa de este filisteo! Yo mismo iré a pelear contra él.

—¡Cómo vas a pelear tú solo contra este filisteo! —replicó Saúl—. No eres más que un muchacho, mientras que él ha sido un guerrero toda la vida.

David le respondió:

—A mí me toca cuidar el rebaño de mi padre. Cuando un león o un oso viene y se lleva una oveja del rebaño, yo lo persigo y lo golpeo hasta que suelta la presa. Y, si el animal me ataca, lo agarro por la melena y lo sigo golpeando hasta matarlo. Si este siervo de Su Majestad ha matado leones y osos, lo mismo puede hacer con ese filisteo pagano, porque está desafiando al ejército del Dios viviente. El Señor, que me libró de las garras del león y del oso, también me librará del poder de ese filisteo.

—Anda, pues —dijo Saúl—, y que el Señor te acompañe.

Singularidad

Luego Saúl vistió a David con su uniforme de campaña. Le entregó también un casco de bronce y le puso una coraza. David se ciñó la espada sobre la armadura e intentó caminar, pero no pudo porque no estaba acostumbrado.

—No puedo andar con todo esto —le dijo a Saúl—; no estoy entrenado para ello.

De modo que se quitó todo aquello, tomó su bastón, fue al río a escoger cinco piedras lisas, y las metió en su bolsa de pastor. Luego, honda en mano, se acercó al filisteo. Este, por su parte, también avanzaba hacia David detrás de su escudero. Le echó una mirada a David y, al darse cuenta de que era apenas un muchacho, trigueño y buen mozo, con desprecio le dijo:

—¿Soy acaso un perro para que vengas a atacarme con palos?

Y maldiciendo a David en nombre de sus dioses, añadió:

—¡Ven acá, que les voy a echar tu carne a las aves del cielo y a las fieras del campo!

David le contestó:

—Tú vienes contra mí con espada, lanza y jabalina, pero yo vengo a ti en el nombre del Señor Todopoderoso, el Dios de los ejércitos de Israel, a quien has desafiado. Hoy mismo el Señor te entregará en mis manos; y yo te mataré y te cortaré la cabeza. Hoy mismo echaré los cadáveres del

DÉJAME PRESENTARTE A TI MISMA

ejército filisteo a las aves del cielo y a las fieras del campo, y todo el mundo sabrá que hay un Dios en Israel. Todos los que están aquí reconocerán que el Señor *salva sin necesidad de espada ni de lanza. La batalla es del* Señor*, y él los entregará a ustedes en nuestras manos.*

—1 SAMUEL 17:32-47

En este pasaje, leemos el relato de la batalla entre David y Goliat, el gigante que amenazaba a Israel y que fue vencido por un hombre de los más improbables. Todos dudaron de David cuando él dijo que lucharía contra Goliat. En principio, nadie estaba de su lado, pues no se contemplaba ninguna posibilidad de victoria.

El rey Saúl intentó ayudar a David cuando le dijo que llevara los trajes de un guerrero del reino. Sin embargo, David sabía que ninguna armadura sería capaz de vencer la guerra; solamente el Señor podría darle la victoria.

Muchas personas van a querer ponerte su armadura porque piensan que tienen las respuestas y fórmulas que necesitas. Por supuesto que los consejos y las orientaciones son muy importantes a lo largo de la vida, pero hace falta saber a qué voz prestarle mis oídos. «¿Cómo puedo identificar la voz acertada? ¿Y la voz de Dios?».

Si has tenido oportunidad de escucharme predicar alguna vez, seguro conoces cómo es mi voz y que tengo un acento muy peculiar del nordeste de Brasil. O sea, si me escuchas hablar en algún momento, reconocerías mi voz.

Singularidad

Con Jesús pasa lo mismo. Invierte tiempo en conocerlo, ten intimidad con Él, y será más fácil identificar Su voz y saber qué hacer.

David cambió la armadura del rey por un bastón, cinco piedras y una honda. ¿Por qué tomó cinco piedras? Porque no era soberbio y sabía que podría errar una, dos, tres veces. Sabía muy bien que ser eficiente no significa tener siempre las de ganar, ¡sino dar en el blanco!

Ninguno de los instrumentos que David usó eran caros, importantes, tampoco nobles o bellos. Pero eran lo que David sabía usar muy bien. El bastón, las piedras y la honda le daban a David identidad y seguridad. Siempre que escuches la voz acertada y uses las armas hechas a medida para ti, entonces obtendrás el éxito.

Las armas del cristiano están en Efesios 6:1-10. Es probable que te sientas inepto con las armas que llevas hoy porque son las equivocadas o porque prestas tus oídos a lo que te dicen o piensan las personas que no te conocen. Mira lo que dijo Goliat sobre David poco antes de la batalla:

> *Este [Goliat], por su parte, también avanzaba hacia David detrás de su escudero. Le echó una mirada a David y, al darse cuenta de que era apenas un muchacho, trigueño y buen mozo, con desprecio le dijo...*
>
> —1 SAMUEL 17:41-42

DÉJAME PRESENTARTE A TI MISMA

¿Alguna vez te han despreciado? ¿Has sufrido prejuicios? ¿Discriminación? Ignóralo. Vuela más alto. Date el valor que te mereces. Lo que dicen o piensan las personas es parcial, tendencioso e influenciable. Lo que le importa a Dios es quién eres. La motivación de tu corazón. Cuando damos valor al que no merece la pena o nos dejamos llevar por la corriente, cualquier cosa podrá afectarnos o cambiar nuestro rumbo. Sin embargo, ¡cuando ignoramos lo malo y decidimos escuchar solamente la voz de Jesús, volamos más alto!

Siempre que escuches la voz acertada y uses las armas hechas a medida para ti, entonces obtendrás el éxito.

¿Qué armas de guerra ha puesto Dios en ti? Reflexiona y ora para poder identificarlas, después describe aquí lo que te reveló. Quizá seas paciente y comprensiva; quizá tengas mucha compasión por los demás o sabes llevar las personas a ver el lado bueno de las circunstancias. Hay cualidades que se tornan herramientas y armas en nuestras manos, que pueden ser usadas a la hora de la batalla. Tú tienes que saber con qué puedes luchar y recordar cada una de ellas cuando vengan las luchas.

Singularidad

¡Vence la guerra con todo lo que Dios puso en tus manos y emprende vuelos hasta ahora inimaginables!

CAPÍTULO 4

Pensamientos

EMPIEZA HOY A AJUSTAR TU MENTE

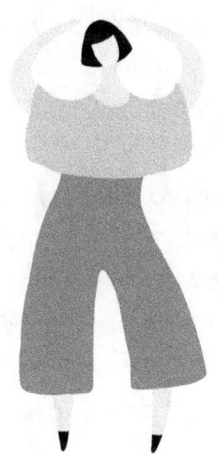

*El ángel del S*eñor *vino y se sentó bajo la encina que estaba en Ofra, la cual pertenecía a Joás, del clan de Abiezer. Su hijo Gedeón estaba trillando trigo en un lagar, para protegerlo de los madianitas. Cuando el ángel del S*eñor *se le apareció a Gedeón, le dijo:*

*—¡El S*eñor *está contigo, guerrero valiente!*

*—Pero, señor —replicó Gedeón—, si el S*eñor *está con nosotros, ¿cómo es que nos sucede todo esto? ¿Dónde están todas las maravillas que nos contaban nuestros padres, cuando decían: "¡El S*eñor *nos sacó de Egipto!"? ¡La verdad es que el S*eñor *nos ha desamparado y nos ha entregado en manos de Madián!*

*El S*eñor *lo encaró y le dijo:*

—Ve con la fuerza que tienes, y salvarás a Israel del poder de Madián. Yo soy quien te envía.

—Pero, señor —objetó Gedeón—, ¿cómo voy a salvar a Israel? Mi clan es el más débil de la tribu de Manasés, y yo soy el más insignificante de mi familia.

*El S*eñor *respondió:*

—Tú derrotarás a los madianitas como si fueran un solo hombre, porque yo estaré contigo.

Pensamientos

> —Si me he ganado tu favor, dame una señal de que en realidad eres tú quien habla conmigo —respondió Gedeón—. Te ruego que no te vayas hasta que yo vuelva y traiga mi ofrenda y la ponga ante ti.
> —Esperaré hasta que vuelvas —le dijo el Señor.
>
> —JUECES 6:11-18

En los primeros capítulos fuiste presentada a ti misma. Pues justo estamos a medio camino y necesitamos hablar más de ti. Además, necesitamos refutar algunos de los conceptos que desde hace mucho tiempo están arraigados en tus pensamientos y así vencerlos.

Necesitamos además añadir que nuestro viaje es continuo, una elección diaria por nosotras mismas, por llegar a ser quienes fuimos creadas por nuestro Padre para ser, no por lo que vivimos durante años escuchando de los demás, o por los pensamientos impuestos por la sociedad, comparándonos con la multitud. Cuando en realidad, somos exclusivas. ¡Tú eres única!

Para vivirlo en la práctica tenemos que ajustar nuestros pensamientos cada día.

Piensa qué le ocurrió a Gedeón. Dios le había encargado a aquel hombre una misión muy importante. Además, le había dado toda la capacidad para cumplirla. Una y otra vez, sin embargo, Gedeón intentaba esquivar el propósito de su vida. Él ponía excusas o se menospreciaba.

DEJAME PRESENTARTE A TI MISMA

O sea, él era su propio impedimento para vivir los planes de Dios. Y todo ello a causa de una mentalidad enferma. Gedeón se creía demasiado pequeño, incapaz, frustrado. Mientras tanto, ¡Dios seguía siendo su mayor alentador! ¿Cuántas veces hemos caído en el mismo error de Gedeón?

¡Necesitamos entender que Dios piensa de manera diferente! Él piensa sobre ti como pensaba sobre Gedeón. Él tiene pensamientos de paz, esperanza y alegría sobre nosotras. Más adelante en esta historia, veremos que Dios puso orden en el ejército de Gedeón y lo dejó con solamente 300 hombres para luchar a su lado. Gedeón pensaba que no serían suficientes, mientras Dios tenía en claro que era la cantidad necesaria.

Escucha con atención: Dios quiere limpiar tus pensamientos hoy. Como nuestro Padre de amor, anhela quitar tus pensamientos autodestructivos. Así como hizo con el ejército madianita, derrotará tus pensamientos de destrucción y entregará en tus manos a una nueva mujer llena de gracia, amor y vida que contagie positivamente a su alrededor.

¡Empecemos la batalla!

Vence el autodesprecio

¿Estás harta de escuchar las opiniones de los demás acerca de tu vida? ¿Crees que todas estas personas no están cooperando en nada para tu bien? En realidad, te diré algo que es abrumador para muchas mujeres: la aniquiladora más efectiva de nuestra autoestima eres

Pensamientos

tú misma. ¡Tu mayor enemigo está justo delante de ti! Nos especializamos en el arte del sabotaje. Mientras Dios sabía que Gedeón era capaz de cumplir el propósito que él había determinado, el texto habla de cómo reaccionó Gedeón:

> El Señor lo encaró y le dijo:
> —Ve con la fuerza que tienes, y salvarás a Israel del poder de Madián. Yo soy quien te envía.
> —Pero, señor —objetó Gedeón—, ¿cómo voy a salvar a Israel? Mi clan es el más débil de la tribu de Manasés, y yo soy el más insignificante de mi familia (vv.14-15).

Parece ser que solemos vernos menos importantes y más pequeñas, ¿verdad? Piensa: ¿Qué pasaría si tu madre te regalara un precioso lienzo y no lo enmarcas? Cada vez que te visite te sentirías culpable, perezosa y nada bien. Puedes dar una excusa, pero en tu interior sabes que en verdad no valoraste el regalo.

Dios te dio un lienzo, que eres TÚ. Él te visita cada día para ver qué estás haciendo contigo. Ya es hora de que cesen las excusas y empieces a explotar el máximo potencial de tu vida.

Este será un viaje largo de elecciones diarias, y para ello es necesario dar el primer paso. Y para que nuestra autoestima sea restaurada, el primer paso es cuidar de nosotras mismas.

DÉJAME PRESENTARTE A TI MISMA

¿Acaso no saben que su cuerpo es templo del Espíritu Santo, quien está en ustedes y al que han recibido de parte de Dios? Ustedes no son sus propios dueños; fueron comprados por un precio. Por tanto, honren con su cuerpo a Dios
—1 CORINTIOS 6:19-20

Dios nos eligió para ser sus representantes aquí, en la Tierra. Por esa razón, debemos vivir con excelencia en todas las áreas de la vida.

¿Qué significa entonces vivir con excelencia? Excelencia es tomar lo que tienes y sacar el mayor provecho de ello. Representa a tu Dios con maestría en tu salud, tu forma de vestirte, tu manera de hablar, tus amistades, tu trabajo. Represéntale bien en todo lo que eres y haces.

Roma no se construyó en un solo día; tampoco tu autoestima. Somos un proyecto en construcción.

Pero recuerda: Roma no se construyó en un solo día, tampoco tu autoestima. Somos un proyecto en construcción.

¿En qué áreas te consideras una buena representante de Dios en este mundo? Apúntalas en la columna a la izquierda. Y en la columna a la derecha anota las que todavía necesitan ser mejoradas en este viaje.

Pensamientos

Represento a mi Dios con excelencia en:	Puedo hacerlo mejor en:

Pero recuerda: Si decides ser feliz solamente si te pareces a la modelo Gisele Bündchen, ¡ni siquiera en la eternidad lo serás! La sensación de insuficiencia e insatisfacción de muchas mujeres resulta de una imagen física distorsionada. Por casualidad, ¿te pareces a las modelos de revistas y publicidades? Si la respuesta es negativa, tranquilízate querida lectora, porque yo tampoco. La verdad es que las *top models* son increíblemente lindas, demasiado delgadas y extremadamente altas. El pelo, los dientes y la piel son absolutamente perfectas. Es imposible competir con todo eso. ¡La buena nueva es que no es necesario! Los medios de comunicación nos transmiten un estándar de belleza que es inalcanzable, así que, si nos quedamos atrapadas en ese patrón de medida, jamás seremos felices.

Si miras a tu alrededor en este exacto momento o piensas en la última vez que saliste a dar un paseo, ¿con cuántas mujeres parecidas a Gisele te cruzaste? ¿Tus vecinas se parecen a ella? ¿O las mujeres de tu familia? Bueno, entonces no tiene sentido querer ser así. Aunque es guapísima, no es más que una excepción a la regla.

Cuando tenemos una visión distorsionada de nuestro cuerpo, solemos darnos por vencidas. Tendemos a pensar: «Ya que no puedo ser tan perfecta como fulana, ¡puedo tomarme una copa entera de helado!» Y el resultado es que menospreciamos nuestro cuerpo, nos alimentamos mal y quebramos la ley de Dios en lo que se refiere al descanso. Todo ello porque damos cabida al estrés, entre otras cosas, en nuestro estilo de vida.

El sentimiento de impotencia no desaparece con una oración, por más ungida que sea. Hace falta tener mucha disciplina. En otras palabras, vences cuando dejas de destruirte por no ser perfecta.

¡Ha llegado el momento de ponerlo en práctica! Haz una lista pequeña de actitudes de sabotaje que son parte de tu rutina, ya sea con respecto a la alimentación, a las actividades deportivas adecuadas y necesarias, o permitir que otras personas te digan o hagan cosas que pueden herirte. ¡Comprométete a abandonar los malos hábitos, a superar el autodesprecio y a avanzar hacia la transformación!

Pensamientos

Vence la autocompasión

—¡El Señor está contigo, guerrero valiente!
—Pero, señor —replicó Gedeón—, si el Señor está con nosotros, ¿cómo es que nos sucede todo esto? ¿Dónde están todas las maravillas que nos contaban nuestros padres, cuando decían: "¡El Señor nos sacó de Egipto!"? ¡La verdad es que el Señor nos ha desamparado y nos ha entregado en manos de Madián! (vv. 12b-13).

La autocompasión es sentir lástima por uno mismo. En esa parte de la lectura de nuestro texto, el Señor le dice a Gedeón que está a su lado y que él era un guerrero valiente. Sin embargo, la mentalidad distorsionada y llena de autocompasión de nuestro héroe lo llevan a actuar como un perdedor: «Pero, Señor (...) ¡La verdad es que el Señor nos ha desamparado y nos ha entregado en manos de Madián!».

El inicio de su queja («Pero, señor»), indica que a esa exclamación le seguirá una crisis de autocompasión. Leyendo el relato bíblico, a lo mejor pienses que Gedeón era una persona un tanto difícil. La verdad es que, si reflexionas un poco, descubrirás cuántas veces hiciste exactamente lo mismo que él. ¿Cuántas veces te dijo el Señor que fueras valiente, que siguieras adelante, que pasaras página, que volvieras a empezar, que

DÉJAME PRESENTARTE A TI MISMA

perdonaras, que te superaras, y tú te quedaste sintiendo lástima por ti misma porque enfrentabas una situación difícil?

Con cariño te digo: Cuando nos enfocamos en la autocompasión, no vemos los milagros que hizo Dios, tal como le pasó a Gedeón. Elegimos el camino contrario al que nos fue entregado y nos alejamos del propósito de Dios para nuestra vida. ¡Hoy es el día que seas liberada del sentimiento de autocompasión y ocupes tu lugar de hija, heredera y princesa!

Vale más lo visible que lo imaginario. Y también esto es absurdo; ¡es correr tras el viento!
—ECLESIASTÉS 6:9

Toda mujer sana y libre de la autocompasión, ama el espejo. Las que no lo aman todavía están atrapadas en el cuento de hadas de Blancanieves, esperando que el Espejo Mágico les diga que son la más bella de todo el reino. Ya conocemos el final de la historia: la frustración fatalmente llegará, como lo hizo con la reina malvada del mismo cuento.

La mujer que fue sanada ama el espejo porque, en vez de mirar sus defectos, mira con gratitud lo que tiene. Ella piensa como Pablo, en Filipenses 4:11, al decir: «... he aprendido a estar satisfecho en cualquier situación en que me encuentre». La verdad es que Gedeón tenía pensamientos negativos y menospreciables de sí mismo porque había crecido con temor a los madianitas. Desde pequeño había escuchado que era el más insignificante, lo que explica el porqué de su perspectiva distorsionada de las circunstancias. Es posible que te haya pasado exactamente igual. Aunque alguien puede haberte dicho palabras duras sobre tu persona, Dios invierte en tu autoestima.

De la misma forma que lo hizo con Gedeón, Dios no descansa hasta que tengamos total libertad en esa área. En su visión infinitamente amplia y llena de amor, Dios ve mucho antes lo que todavía no somos y lo declara como realidad. Él miró a Pedro, que era inestable y voluble, y le dijo: «¡Tú eres Pedro, una roca!». Dios miró a Jacob, cuya personalidad estaba formada por la mentira y el engaño, y le dijo: «¡Jacob, tú eres un príncipe!». Tenemos que aprender a desarrollar pensamientos de afirmación sobre nosotras mismas y ponernos de acuerdo con Dios en nuestra mente.

Ya te pedí que subrayaras en Filipenses 4:11 «he aprendido», porque fuimos enseñadas en la vida a no estar contentas. *Ser feliz* es algo que aprendemos en un proceso educativo, por eso hay que encontrar la felicidad en las cosas que ya tenemos. Como he dicho, una de las cosas más importantes que he aprendido es que tengo mucho más de lo que merezco. Y tú también. Dios te ha dado todo lo que necesitas para que cumplas tu propósito de vida.

El pasado ya no importa, por lo cual no debe determinar tu futuro. Todos tienen un pasado y pasan por problemas en la vida. Quizá todavía no terminaste tu carrera, sufriste violación, fuiste traicionada, tuviste que convivir con padres agresivos, hayas perdido un hijo o te quedaste viuda de un buen marido. Sé muy bien que cada una de esas situaciones es demasiado triste e implica una carga difícil de llevar. Sin embargo, tú no estás sola. Jesús te dará las fuerzas para que te recuperes. Así que, no permitas que esas marcas perjudiquen tu futuro. ¡Él está a tu lado para proveer tu sanidad completa!

Nada en la vida sucede sin un propósito. Cada decepción, dificultad o puerta que se cierra nos ayuda a ser quiénes debemos ser en Dios. Según la medicina, los dos peores dolores emocionales que una persona puede sufrir son: el dolor de perder a un hijo y el de la traición. Incluso en situaciones que implican dolores tan agudos, Dios siempre proveerá la sanidad necesaria.

Puedo decir por experiencia que sufrir no es fácil. He experimentado el dolor de enterrar a mi primera hija que acababa de nacer (si por casualidad no conoces esa parte de mi historia, puedes ver mi testimonio en el canal de YouTube™, de la Igreja Amor, cuyo título es «Você vai dar conta» [Tú rendirás cuenta], pero eso es tema para otro libro).

La verdad es que nadie quiere pasar por el dolor. Pero una cosa aprendí sobre las tormentas de la vida, y es que no duran toda la vida. Finalmente, llegará la calma. Aunque venga el dolor y nuestra alma se debilite, siempre amanece un nuevo día. ¡Lo que no podemos hacer es

Pensamientos

dejar que las aflicciones nos ahoguen! Cuando esto sucede, nuestra alma se debilita. Por ello, hace falta tratar cada pérdida de la manera adecuada.

Satanás se aprovecha de las circunstancias y de nuestras debilidades para derribarnos y mantenernos en el suelo. Dondequiera que haya una herida, dolor y falta de perdón, allí estará el diablo. Ese es su hábitat, se alimenta de ello. Si ya has vivido una traición, una ausencia, o la rebeldía de un hijo, y eso se ha transformado en rencor o decepción hacia Dios, al punto de decir: «Yo oro tanto y el milagro no viene; ¿por qué Dios le respondes a fulana y a mengana, pero no a mí?». No te quedes atada a ese tipo de pensamiento, pues es altamente destructivo. No te dejes vencer por tus debilidades. Tampoco permitas que el diablo tenga poder sobre tu felicidad.

¡Transforma tus problemas en oportunidades!

Hay mujeres que se quedan atrapadas en el pasado porque, aunque tuvieron noviazgos, no coincidieron en nada y se quedaron solteras. Aprende de lo que no ha funcionado bien en tu vida y haz de ello una materia para tu entrenamiento y aprendizaje. ¡Reinvéntate! Transforma tus problemas en oportunidades.

Escribe en el siguiente cuadro una lista de dolores, traumas y decepciones que has sufrido a lo largo de la vida, y en la columna de al lado, apunta por lo menos una lección que hayas aprendido en cada una de las situaciones.

DÉJAME PRESENTARTE A TI MISMA

Tu dolor	Lección aprendida con el dolor

«Ahora bien, sabemos que Dios dispone todas las cosas para el bien de quienes lo aman, los que han sido llamados de acuerdo con su propósito» (Romanos 8:28). Dios no desperdicia nada, ni el mal que te sobreviene, ni la maldición que te intentan imponer. Él saca provecho de las situaciones más complicadas de tu vida y las transforma en bendiciones. ¡Recupérate! Dios está contigo y te brindará todo el apoyo que necesitas.

El relato de la historia de Noemí nos cuenta que ella sufrió mucho. En poco tiempo perdió al marido y a sus dos hijos. Sucedió que al final decidió volver a su tierra natal y quiso que sus nueras regresaran cada una a su familia de origen. Orfa, una de las nueras, se resistió, pero finalmente aceptó la orientación de la suegra; lo que no ocurrió con Rut. Su decisión de acompañar a Noemí la hizo pronunciar una de las declaraciones más bellas de la Biblia:

Pero Rut respondió:
—¡No insistas en que te abandone o en que me separe de ti!

Pensamientos

*Porque iré adonde tú vayas,
y viviré donde tú vivas.
Tu pueblo será mi pueblo,
y tu Dios será mi Dios.
Moriré donde tú mueras,
y allí seré sepultada.
¡Que me castigue el Señor con toda severidad
si me separa de ti algo que no sea la muerte!*
—RUT 1:16-17

Dios motivó a Rut a seguir al lado de Noemí para apoyarla, tal como el Espíritu Santo está a nuestro lado para apoyarnos y se preocupa que tengamos la autoestima adecuada. Dios siempre nos va a dar a alguien que nos cuide. Él envió al Espíritu Santo para ayudarte. Cuando pienses que ya no hay salida, será ese precisamente el momento en el cual Dios empezará a cambiar tu historia.

Vence los pensamientos destructivos

Cuando Gedeón oyó el relato del sueño y su interpretación, se postró en adoración. Luego volvió al campamento de Israel y ordenó: "¡Levántense! El Señor ha entregado en manos de ustedes el campamento madianita".

Gedeón dividió a los trescientos hombres en tres compañías y distribuyó entre todos ellos trompetas y cántaros vacíos, con antorchas

DEJAME PRESENTARTE A TI MISMA

> *dentro de los cántaros. "Mírenme —les dijo—. Sigan mi ejemplo. Cuando llegue a las afueras del campamento, hagan exactamente lo mismo que me vean hacer. Cuando yo y todos los que están conmigo toquemos nuestras trompetas, ustedes también toquen las suyas alrededor del campamento, y digan: 'Por el Señor y por Gedeón'".*
>
> —JUECES 7:15-18

Gedeón le pidió a Dios muchas confirmaciones, a las que Él pacientemente concedió. Le tomó algún tiempo hasta que Gedeón llegó al punto de pasar por una verdadera *metanoia* en su vida. Pero valió la pena. ¡Sus palabras en ese texto demuestran confianza! ¿Percibes la diferencia? En ese momento de la historia, Dios le había dicho a Gedeón que redujera gran parte de su ejército hasta que contase solamente con 300 hombres. Después de la confirmación de Dios, Gedeón finalmente estaba preparado para luchar porque sabía que vencería la batalla. No parecía ser el mismo hombre marcado por el desprecio y la compasión del inicio del relato.

El secreto está en la mente. A partir de ese momento Gedeón pasó a tener pensamientos de victoria, a declarar palabras de éxito y a actuar como un valiente victorioso. Cuando por fin cambió sus pensamientos de derrota por pensamientos de acuerdo con lo que Dios decía de él, ¡su vida cambió!

Pensamientos

Lo que guardamos en la mente es lo que definirá los acontecimientos de nuestra vida. Si sigues creyendo en lo que siempre creíste, actuarás como siempre lo hiciste. Pero si quieres tener resultados distintos en tu vida personal o en tu trabajo, lo que tienes que hacer es ¡cambiar tu manera de pensar!

Nuestros pensamientos nos dirigen. Hacia dónde va la mente, va el hombre. Hace falta, de ese modo, entender el poder de la mente humana. El éxito de cada aspecto de la vida empieza con un pensamiento, y lo mismo pasa con el fracaso.

> **Solamente cuando el «tú puedes» se transforma en «yo puedo» es que algo acontece.**

Solemos pensar que una palabra de ánimo es lo que muchas veces nos lleva a la victoria. Sin embargo, solamente cuando el «tú puedes» se transforma en «yo puedo» es que algo acontece. Lo mismo ocurre con los pensamientos de incredulidad. ¿Por qué tienen el poder de llevarnos a la depresión o a la angustia? Sencillamente porque están arraigados a nuestra mente y ejercen influencia directa en la toma de decisiones.

Resulta que los pensamientos que albergamos afectan nuestras relaciones, nuestra propia imagen, nuestras finanzas, nuestra salud (física, emocional y espiritual), productividad en el trabajo y en casa, manera de administrar el tiempo, las prioridades y la capacidad de disfrutar la vida.

DÉJAME PRESENTARTE A TI MISMA

Porque cual es su pensamiento en su corazón, tal es él.

—PROVERBIOS 23:7

Dicho de otra forma, nos convertimos en aquello que pensamos. No me refiero a que con el pensamiento podemos conseguir lo que queremos. Así piensa la filosofía humanista. Sin embargo, es necesario reconocer que los pensamientos, o la manera de pensar de uno, son clave en la materia que nos ocupa. ¿Qué hacer entonces? Renueva tu mente. Llénala con pensamientos de fe y confianza en vez de intentar borrar los pensamientos de preocupación, miedo y negativismo.

Llenar la mente con buenos pensamientos es más fácil que intentar vaciarla de los pensamientos negativos: «Así que la fe viene como resultado de oír el mensaje, y el mensaje que se oye es la palabra de Cristo» (Romanos 10:17). Ten pensamientos de fe en lo que a ti concierne. El orgullo no es pensar que eres una buena persona, sino pensar que eres mejor que los demás. ¡Tú tienes que brillar, porque el mundo necesita lo mejor de ti! Sé lo mejor según fuiste creada y así la grandeza de Dios se hará notar con más fuerza.

Hoy es el momento de plantar semillas buenas. Haz una lista de pensamientos que deben permear tu vida y de palabras que te van a impulsar a ser cada día una mejor versión de ti misma.

Pensamientos

He aquí una verdad: «Soy yo quien convierto lo que hago, en algo importante. No soy importante a razón de lo que hago». Algunas personas por no tener esto tan claro no tienen paz interior, porque no se aprueban a sí mismas y así asumen demasiados compromisos pensando encontrar en ellos su valor. Es lo mismo que creer que, si tienen valor, robarán algo de la gloria de Dios. ¡No podrás robar lo que nunca te perteneció!

Cuanto más te concentras en tus errores, más se multiplican. Pero, cuando nuestro enfoque está en Jesús, pasamos a tener una relación con Él y descubrimos nuestra verdadera identidad. Deja de vivir estresada por tus defectos, pues todos los tenemos. Dios nos hizo para ser perfectas en Cristo, y en ese camino estamos.

Imagínate una niña a quien su madre le dio un traje de novia para usarlo cuando se case, y año tras año se lo prueba y confirma que le falta menos para que le quede perfecto. Él vestido ya le pertenece, pero todavía no le cabe a la perfección. Algo semejante pasa con nosotras. Siempre decimos que nadie es perfecto, pero lo que de verdad queremos decir es que, nadie manifiesta un comportamiento perfecto; esa sería la afirmación más acertada.

Nuestro comportamiento, sin embargo, es muy distinto de nuestra identidad. La Biblia afirma, por ejemplo, que nuestra fe en Jesús nos justifica, o sea, nos hace personas justas (Romanos 3:24). Entonces, si somos justas, ¿por qué no siempre actuamos con justicia? Sencillamente porque todavía estamos en construcción, hasta que podamos actuar de la manera esperada. Cuanto más servimos a Dios, cada vez actuamos menos de manera equivocada y cada vez más de forma acertada.

Eso quiere decir que la persona que somos en Cristo es totalmente distinta de la que solíamos ser. Al nacer de nuevo, nos convertimos en sus hijas y recibimos una nueva identidad. Si tienes un hijo, le diste tu apellido al momento de su nacimiento. Mis hijas recibieron el apellido «Pereira». Ellas nunca serán Pereira a medias. No siempre van a actuar como a mí me gustaría, es cierto, o como buenas representantes de la familia; aun así, se llamarán Pereira.

¿Quién es la persona con la que más convives? Tú misma. Es bueno que recuerdes que eres la persona con la que convives todo el tiempo. Por eso, toma la decisión de quererte. Si no te amas, la vida será muy dura contigo, pues tendrás que convivir 24 horas de cada día con alguien que no toleras. Eso no quiere decir que vas a ignorar tus errores. Para nada. Tendrás que trabajar mucho para que mengüen y crear espacio para tus potencialidades.

Pensamientos

El diablo es el primer interesado en que tengas los peores pensamientos sobre ti misma. Para ello usará personas amargadas y acostumbradas a hablar mal de los demás, personas que todo lo critican y cuestionan; cuyos pensamientos sobre los otros son siempre malos y sus opiniones son siempre negativas.

Ese tipo de gente me ha traído mucha angustia. Pero sigo buscando a Dios y estoy creciendo para que nada parecido me vuelva a afectar. Cuando escucho los comentarios de esas personas, le digo al diablo: «Satanás, sé que lo que deseas es que me crea las mentiras de esa gente. Pero te quedarás allí mismo dónde estás, porque yo seguiré volando, y nada ni nadie va a impedirme llegar al lugar que Dios ha preparado para mí».

Escucha a las personas que creen en ti, que te animan, que saben demostrar amor y que creen en los sueños de Dios para tu vida. En el caso de que una persona así te corrija, acéptalo de corazón. Valora el amor de Dios por ti y reconoce que ¡eres muy importante! Saber que Dios nos ama de forma incondicional es una necesidad enorme para que puedas avanzar en este viaje con Él.

Jesús no murió para que fuéramos personas religiosas. Él lo hizo para que pudiéramos tener una relación verdadera y profunda, íntima y personal, con Dios. Es indispensable que aprendas a separar la importancia que tienes para Dios, de lo que haces bien o mal. En general, somos engañadas y llevadas a pensar que nuestra aceptación se basa en el desempeño personal, lo que es 100 % contrario a lo que nos dice la Biblia.

El diablo quiere llevarnos a creer que lo que hacemos es más importante que quienes somos. Su gran plan de acción es usar nuestros fallos para que no aceptemos quienes somos. Pensamos: «Si por lo menos me portara un poquito mejor, quizá me querría más a mí misma». La verdad es que nos sentimos absolutamente avergonzadas de nuestras debilidades. Nos alegramos con nuestro éxito, pero nos deprimimos cuando fracasamos. Luchamos y nos esforzamos con la mirada puesta en la perfección, sin embargo, sin darnos cuenta, ella siempre se nos escapa.

Hace falta vernos en Cristo, no en nosotras mismas: «Si miras hacia el mundo, serás oprimida. Si miras hacia ti misma, sufrirás de depresión. Pero, si miras hacia Jesús, tendrás descanso». Mientras pensemos que el amor de Dios es condicional, seguiremos intentando conquistarlo para probar que somos dignas de ser amadas. Pero al más mínimo error pensamos que no tenemos ningún valor y no merecemos ser amadas. Sufrimos culpa, vergüenza, condenación. Seguiremos esforzándonos para probar nuestro buen desempeño hasta quedar agotadas y rendidas.

El dicho popular reza: «La esperanza es la última en morir». Puede que sea muy conocido, pero se basa en una mentira. La esperanza no muere. Cuando no tenemos

> **El gigante puede ser más alto que tú, pero nunca mayor que tu Dios.**

Pensamientos

esperanza en algo, terminamos por aceptar la influencia de una mentira. Llena tu vida de esperanza «porque fiel es el que hizo la promesa» (Hebreos 10:23).

Si en mis pensamientos no albergo la esperanza, entonces nunca hablaré de ella y tampoco será real en mi vida. Si la falta de esperanza se vuelve crónica en mi vida, seré como un coche con problemas en el motor. Hace falta estar atentas a nuestra forma de ver la vida, si queremos tener una existencia marcada por la esperanza. Los problemas siempre estarán a la vuelta de la esquina, pero no podemos pensar que son insuperables. Recuerda: El gigante puede ser más alto que tú, *pero nunca mayor que tu Dios.*

He aprendido que no tengo que ser realista. No he sido llamada para ser realista. Fui llamada para vivir lo sobrenatural de Dios. Si soy demasiado realista, mi fe tenderá a debilitarse. Por lo tanto, necesito aprender a ver la vida con los ojos de la fe para contemplar lo sobrenatural y ser revestida de esperanza.

Recuerda siempre que eres como Gedeón: ¡Dios te ha entregado la victoria sobre el enemigo! ¡Avanza llena de esperanza porque un futuro brillante te está esperando!

CAPÍTULO 5

Actitudes

EMPIEZA HOY TU TRANSFORMACIÓN

DÉJAME PRESENTARTE A TI MISMA

No entiendo lo que me pasa, pues no hago lo que quiero, sino lo que aborrezco (...) Aunque deseo hacer lo bueno, no soy capaz de hacerlo. De hecho, no hago el bien que quiero, sino el mal que no quiero. Y, si hago lo que no quiero, ya no soy yo quien lo hace, sino el pecado que habita en mí.
—ROMANOS 7:15, 18b-20

Necesitamos ser sinceras. ¿Cuántos millares de veces ya hemos prometido actuar de una manera distinta, pero volvimos a caer en el mismo error? Es justamente de lo que habla Pablo en ese pasaje. Tengo admiración por muchos de los héroes de la fe y Pablo es uno de ellos. Basta con decir su nombre, y me vienen a la mente referencias de amor, relaciones, obediencia y sacrificio. Pero quizá no sepas que no siempre fue así.

Antes de ser el gran apóstol, Pablo se llamaba Saulo y era conocido por perseguir y matar a los cristianos. Pablo no era conocido por decir palabras amables, sino por su hablar arrogante. No era conocido por su fe inquebrantable, sino más bien por su intolerancia en contra de los creyentes. Finalmente, Pablo no era conocido por amar e invertir en las personas, sino por asesinar inocentes.

De pronto, todo cambió en la vida de aquel hombre después que tuvo un encuentro con Jesús. Seguro que tuvo una mezcla de emociones: la alegría enorme de recibir a Cristo como Salvador y, a la vez, el miedo de enfrentar una sociedad que todavía lo veía como Saulo, el

Actitudes

perseguidor de los hermanos, no como el converso Pablo. En el mismo momento en que Saulo recibió a Cristo, todo su pasado fue borrado por Jesús. Sin embargo, nadie se olvidaría de la noche a la mañana todo lo que habían sufrido por causa de Pablo.

Quizá por ello Pablo llegó a desarrollar muchísima compasión y paciencia por su prójimo. Él sabía que era el primero en necesitarla. ¿Y nosotras qué? ¿Cuántas veces somos misericordiosas con nuestros propios errores, pero demasiado intolerantes con los errores de nuestros hermanos? La clave es: nada es fácil cuando se trata de transformación. No siempre las personas creerán que cambiaste. No siempre te van a animar a seguir adelante. Pero, al igual que Pablo ¡no te puedes detener!

> *... pero [Dios] me dijo: "Te basta con mi gracia, pues mi poder se perfecciona en la debilidad". Por lo tanto, gustosamente haré más bien alarde de mis debilidades, para que permanezca sobre mí el poder de Cristo. Por eso me regocijo en debilidades, insultos, privaciones, persecuciones y dificultades que sufro por Cristo; porque, cuando soy débil, entonces soy fuerte.*
>
> *—2 CORINTIOS 12:9-10*

Lo que nos fortalece día a día es saber que nuestro Padre de amor es fuerte y lleno de ideales para nosotros.

DÉJAME PRESENTARTE A TI MISMA

El texto anterior de 2 Corintios sigue diciendo que la fuerza de Dios se perfecciona en nuestra debilidad; cuando soy débil, entonces soy fuerte. Dios no quiere que estemos de un lado a otro, perdidas, sin saber hacia dónde ir. Él es fuerte por nosotros, habita en nosotros, y su fuerza y su Espíritu Santo están con nosotros para ayudarnos a cambiar de rumbo.

La genética explica la predisposición, pero no justifica ni perdona pecados.

Piensa un momento: ¿Sabes de dónde vienen tus defectos? Hay ciertas cosas contra las cuales solemos luchar y ni siquiera sabemos muy bien por qué... son una herencia genética. Has heredado de tus padres algunos defectos físicos y genéticos. Sin embargo, recuerda siempre: La genética explica la predisposición, pero no justifica ni perdona pecados.

Además de la herencia genética, a lo largo de la vida adquirimos hábitos enfermizos que actúan como una barrera que impide el cambio. Algunos de nuestros defectos también pueden ser el resultado de las circunstancias que vivimos. Sin embargo, si deseas cambiar de verdad, nada podrá impedir que lo hagas.

Me gusta pensar que Dios no desperdicia nada. Ni nuestros sufrimientos ni nuestras faltas. De hecho, los defectos de carácter a menudo son cualidades positivas que se utilizan incorrectamente. Por ejemplo, una persona chismosa, en general es alguien bastante comunicativo

Actitudes

e influyente (cualidades) que utiliza esas habilidades de forma negativa. ¿Me explico?

Algunos defectos que tenemos incluso parecen mascotas. Llevan tanto tiempo con nosotras que se nos hace difícil deshacernos de ellas. Al fin y al cabo, te sientes a gusto con ellos.

También es verdad que muchas veces confundimos nuestros defectos con nuestra identidad. Cuando alguien dice: «Esa es mi manera de ser. Nací de esa manera y así seré hasta el día que me muera». En realidad, se está identificando con sus defectos. Puede que hayas nacido así, pero no hace falta seguir siendo de la misma manera. ¡Puedes cambiar!

Me gustaría animarte para que dejes atrás todo lo que haga falta para dar paso a una transformación genuina y completa. Dios quiere que seas transformada completamente hoy mismo. ¿Quieres convertirte en una mejor versión de ti misma?

Céntrate en el poder de Dios, no en tus fuerzas

Si estás tratando de vencer y cambiar con tus propias fuerzas, entonces sabe muy bien que la fuerza de voluntad no es suficiente para hacer cambios duraderos en su vida. ¿Cuántas veces intentaste adelgazar, hacer gimnasia, parar de mentir, dejar de fumar, ya no adulterar, dejar de prostituirte u olvidar un dolor del pasado?

DÉJAME PRESENTARTE A TI MISMA

¿Cuántas veces confiaste en tu buena voluntad y al final no pudiste con ello? ¿Cuántos fueron los intentos frustrados? ¿Cuántas decepciones enfrentaste? Quizá uno pueda por algún tiempo vivir por sus propias fuerzas, pero cuando aumenta la presión, a menudo nos derrumbamos.

Sí, nuestra fuerza no fue suficiente. La fuerza de Pablo tampoco lo fue para él: «De hecho, no hago el bien que quiero, sino el mal que no quiero» (Romanos 7:19b). La fuerza de voluntad no es suficiente para cambiar la realidad. Este texto lo dice claramente: «¿Puede el etíope cambiar de piel, o el leopardo quitarse sus manchas? ¡Pues tampoco ustedes pueden hacer el bien, acostumbrados como están a hacer el mal!» (Jeremías 13:23). Dios nos está diciendo que nunca vamos a lograr cambiar determinados aspectos de nuestra vida con nuestras propias fuerzas. Pero la buena noticia viene de la Biblia: «Todo lo puedo en Cristo que me fortalece» (Filipenses 4:13).

> **Si Dios siempre cumple con nuestras expectativas, nunca tendrás la oportunidad de superarlas.**

Por ello tenemos que orar a Dios reconociendo que no podemos cambiar por nuestra propia fuerza de voluntad o confiando en que Él nos va a dar el poder necesario para superar nuestros defectos y debilidades. Al elegir la transformación, nuestro enfoque estará solamente en Dios y en Su poder infinito, no en nosotras.

Actitudes

Nuestro problema es que siempre nos centramos en lo que podemos hacer nosotros mismos y en nuestras expectativas de cómo deberían suceder las cosas. Pero, si Dios siempre cumple con nuestras expectativas, nunca tendrás la oportunidad de superarlas. ¡No lo lograrás con tus propias fuerzas, sino con las de Dios!

> *Y ahora, amados hermanos, una cosa más para terminar. Concéntrense en todo lo que es verdadero, todo lo honorable, todo lo justo, todo lo puro, todo lo bello y todo lo admirable. Piensen en cosas excelentes y dignas de alabanza.*
> —FILIPENSES 4:8, NTV

Dicho de otra forma, céntrate en las cosas buenas, no en las malas. Te mueves en la dirección de aquello en lo que te centras. Déjame darte un ejemplo: necesitas perder peso, pero te apetece comer comida rápida. ¡Aquí es cuando debes concentrarte en lo que necesitas, no en lo que sientes!

Si haces lo correcto, tus sentimientos, al fin y al cabo, te seguirán. Si esperas a tener el sentimiento de que debes cambiar, nunca cambiarás. El diablo se va a encargar de hacer que nunca te sientas preparada. Es más fácil actuar a pesar de los sentimientos que sentir que debes actuar.

Lo que sea que llame su atención, lo tiene. Si dices: «No voy a pensar en sexo, no voy a pensar en sexo...». ¿En qué vas a pensar? En sexo. Eso será justamente lo que ocupará tus pensamientos. No tienes que resistir a la tentación. Dios no ordena ni una sola vez en la Biblia que resista la tentación. ¡Ni una sola vez! Dice: «resistir al tentador», resistir al diablo, pero no la tentación. ¿Por qué? Porque cuando te resistes a algo, persiste. Cuanto más empujas, más fuerte empuja la tentación.

> El diablo conoce tu nombre, pero te llama por tus pecados. Jesús conoce tus pecados, pero te llama por tu nombre.

Es imposible pagar la cuenta de todos nuestros errores. Pero Jesús ya la ha pagado. Fuiste perdonada, entonces céntrate en el poder y la fuerza de Dios para tener una vida verdaderamente transformada.

Céntrate en las promesas, no en las dificultades

Una vez a salvo, nos enteramos de que la isla se llamaba Malta. Los isleños nos trataron con toda clase de atenciones. Encendieron una fogata y nos invitaron a acercarnos, porque estaba lloviendo y hacía frío. Sucedió que Pablo recogió un montón de leña y la estaba echando al fuego cuando una víbora que huía del calor se le prendió en la mano. Al ver la serpiente colgada de la mano de Pablo, los isleños se pusieron a comentar entre sí: "Sin duda este hombre es un asesino, pues aunque se

Actitudes

salvó del mar, la justicia divina no va a consentir que siga con vida". Pero Pablo sacudió la mano y la serpiente cayó en el fuego, y él no sufrió ningún daño. La gente esperaba que se hinchara o cayera muerto de repente, pero, después de esperar un buen rato y de ver que nada extraño le sucedía, cambiaron de parecer y decían que era un dios.

Cerca de allí había una finca que pertenecía a Publio, el funcionario principal de la isla. Este nos recibió en su casa con amabilidad y nos hospedó durante tres días. El padre de Publio estaba en cama, enfermo con fiebre y disentería. Pablo entró a verlo y, después de orar, le impuso las manos y lo sanó. Como consecuencia de esto, los demás enfermos de la isla también acudían y eran sanados.

—HECHOS 28:1-9

Dios tiene promesas para cada uno de sus hijos. Y la misión que le encomendó a Pablo fue predicar el evangelio en Roma, al emperador César. Ese pasaje habla sobre algunas de las interrupciones que Pablo tuvo que enfrentar en el camino. Antes de eso, en el capítulo 27, la Biblia nos dice que Pablo subió a bordo de un navío como prisionero, esposado con grilletes, rumbo hacia Roma. En el medio del trayecto, hubo una gran tormenta en la que casi todos los tripulantes y él podían haber perdido la vida, y tuvieron que detenerse para refugiarse en una isla llamada Malta.

Al considerar ese momento en la vida de Pablo, vemos que lo que él hacía era sencillamente obedecer a Dios, cumpliendo así los principios del Reino y, aun así, pasó por muchos sufrimientos. Algunos piensan que la vida cristiana es perfecta y sin luchas. Como si servir a Jesús fuera garantía de que nada malo pudiera pasarnos. Sin embargo, al mirar la vida de Pablo, vemos un hombre en el centro de la voluntad de Dios sirviéndole, y aun así pasando por situaciones tan difíciles de soportar.

En los momentos malos, hace falta recordar que Dios dispone todas las cosas para el bien de quienes lo aman (Romanos 8:28). Era necesario que Pablo hiciera una parada en la isla de Malta. Seamos sinceros: a nadie le gusta estar aislado, ¡a menos que se trate de un complejo vacacional fantástico! Nada que ver con la situación de Pablo. Su situación en nada le era favorable. Pero la Biblia declara que era necesario que se detuviera en Malta.

De la misma manera sucede en nuestra vida. Subimos a bordo de un barco, enfrentamos la tormenta y parece que no sobreviviremos. Cuando por fin volvemos a respirar, estamos varados en una isla. En general, las islas son las circunstancias contrarias, no exactamente situaciones de pecado. Aunque la gente diga que pueda tratarse de una consecuencia del pecado o un castigo divino. No siempre se trata de una prueba de Dios, ni de una arremetida del diablo. Sencillamente hace falta que tú pases por una isla.

¿Por qué? ¿Cuál es el propósito de Dios de dejarnos allí? En la isla es donde descubrimos más de Dios, donde

Actitudes

ayudamos otras personas, donde los dominios opresivos son invalidados y donde somos abastecidas para continuar el viaje. En la isla, ganamos una dosis extra de humildad, aprendemos a mirar al otro con compasión, a tener sabiduría y a seguir soñando. En la isla, sucede algo: tu situación difícil no te está alejando de tu destino profético, ¡te está conduciendo hacia él!

Mientras estás en la isla, no permitas que tus sueños sean enterrados. ¡Quien sepulta un tesoro en una isla es un pirata! Pablo tenía el sueño de llevar el evangelio a Roma y por eso no se dio por vencido. Pasó el tiempo necesario en Malta, se ganó el respeto y el reconocimiento de los líderes locales, ayudó a las personas, creció, aprendió y prosiguió adelante. Pablo se centró en las promesas que Dios le había hecho, no en las dificultades que estaba enfrentando en el camino. ¡Jamás olvides el propósito por el cual Dios te llamó! Centra tu atención en las palabras de Dios, no en las dificultades.

¿Alguna vez te has dado cuenta de que palabras de desánimo como: «No soy inteligente o lo suficientemente atractiva», «No tengo grandes talentos», «No sé hacer nada bien», suelen transformarse en «profecías negativas» que se cumplen en nuestra vida? ¿Por qué? Porque esos pensamientos impregnan nuestra mente al punto de ejercer una fuerte influencia en el proceso de toma de decisiones.

Al recibir a Jesucristo como Salvador, cada persona recibe un nuevo espíritu y un nuevo corazón, pero no una mente nueva. La mente necesita ser renovada, como nos enseña Pablo en Romanos 12:2: «No se amolden al mundo actual, sino sean transformados mediante la renovación de su mente. Así podrán comprobar cuál es la voluntad de Dios, buena, agradable y perfecta».

Necesitamos aprender a pensar como Dios piensa de nosotros. ¡Eso es renovar la mente! La Biblia nos garantiza que Dios tiene planes para hacernos prosperar y darnos esperanza y un futuro (Jeremías 29:11). Estos son los planes de Dios para tu vida y lo que él piensa de ti. Sí, hace falta repetirlo para que esa promesa se quede bien gravada en nuestra mente: «Porque yo sé muy bien los planes que tengo para ustedes —afirma el Señor—, planes de bienestar y no de calamidad, a fin de darles un futuro y una esperanza».

Es de destacar que este no es el poder del pensamiento positivo, sino del poder que tenemos para elegir con qué ocupar nuestra mente. Es justo lo que nos enseña el apóstol: «Por último, hermanos, consideren bien todo lo verdadero, todo lo respetable, todo lo justo, todo lo puro, todo lo amable, todo lo digno de admiración, en fin, todo lo que sea excelente o merezca elogio» (Filipenses 4:8).

La única forma de vencer una tentación es desviar nuestra atención hacia otra dirección. Si nuestra mente está llena de ideas sobre sexo, el sexo va a dominar nuestra vida y nuestras actitudes. Eso quiere decir que todo lo que tiene tu atención ya te ha conquistado.

Actitudes

¿Cómo uno puede reprogramar su mente? Llenándose de la Palabra de Dios, que tiene más de siete mil promesas para quienes la creen. Cuanto más tú memorizas y guardas los textos bíblicos en tu corazón, tanto más fácil será neutralizar pensamientos, tentaciones y ataques espirituales. Somos transformadas cuando renovamos nuestra mente por medio de la Palabra de Dios.

A continuación, te dejo un listado de textos bíblicos que son verdaderas perlas para llenar tu corazón. Luego, encontrarás unas líneas para incluir otros textos a medida que lees la Biblia día a día, y así tendrás una bella lista de versículos para memorizar.

- *Filipenses 4:13 – Todo lo puedo en Cristo que me fortalece.*
- *2 Corintios 12:9 – Te basta con mi gracia, pues mi poder se perfecciona en la debilidad'. Por lo tanto, gustosamente haré más bien alarde de mis debilidades, para que permanezca sobre mí el poder de Cristo.*
- *Romanos 12:2 – No se amolden al mundo actual, sino sean transformados mediante la renovación de su mente. Así podrán comprobar cuál es la voluntad de Dios, buena, agradable y perfecta.*
- *Filipenses 4:8 – Por último, hermanos, consideren bien todo lo verdadero, todo*

DÉJAME PRESENTARTE A TI MISMA

lo respetable, todo lo justo, todo lo puro, todo lo amable, todo lo digno de admiración, en fin, todo lo que sea excelente o merezca elogio.
- *Juan 8:32 – ... y conocerán la verdad, y la verdad los hará libres.*

Jesús dijo: «... y conocerán la verdad, y la verdad los hará libres» (Juan 8:32). Así que, permite que las verdades de la Palabra de Dios te ayuden a superar heridas y fracasos. Como dije hasta aquí, no podemos ser presas del dolor ni tampoco de cualquier otro sentimiento. Debemos seguir adelante. Con Jesús es posible levantar la cabeza y seguir adelante.

¡No pienses en rendirte! Por más que las circunstancias digan no, lucha por el sí. El apóstol Pablo se convirtió en un experto en tender un puente desde las dificultades hacia el éxito. Su resistencia era directamente proporcional a los desafíos que enfrentaba. Mira lo que escribió: «Nos vemos atribulados en todo, pero no abatidos; perplejos, pero no desesperados; perseguidos, pero no

Actitudes

abandonados; derribados, pero no destruidos» (2 Corintios 4:8,9). Por lo tanto, no seas una marioneta de las heridas, de los traumas y fracasos que te afectaron en el pasado. ¡Gana experiencia y vuélvete aún más fuerte! ¡Concéntrate en las cosas buenas!

El diablo siempre arroja mentiras a nuestra mente. E influenciados por él, a veces pensamos: «Nadie me trata con cariño. No se preocupan por mí». Esos susurros malignos pueden llevarnos a guardar rencor en el corazón y no perdonar a quienes nos han hecho daño. Sin darnos cuenta, nos convertimos en rehenes del resentimiento. Debemos tener mucho cuidado, pues el diablo desea que prestemos atención a las heridas del pasado. De ser posible, nos mantendría encadenadas a nuestro pasado. En vez de escuchar las voces del mal, trata de vivir como enseña la Palabra. Si te mantienes firme en lo que Dios piensa de ti, tu pasado no tendrá poder sobre tu futuro. Los recuerdos permanecerán, sin embargo, no tendrán el poder de hacernos rendir.

> **Por más que las circunstancias digan no, lucha por el sí.**

Céntrate en el progreso, no en la perfección

Si miramos con sinceridad nuestra vida, descubriremos muchas cosas que necesitan ser cambiadas. Creo que, a lo largo de este capítulo, has experimentado esa sensación. Sin embargo, esos cambios solo se hacen gradualmente, de un día a la vez. Nuestros defectos y traumas, dolores y heridas no han aparecido de la noche a la mañana, así que no esperes que se vayan en un abrir y cerrar de ojos. Sea lo que sea, cambiar lleva tiempo. Por eso, empieza pidiéndole a Dios que te enseñe por dónde empezar. Sé muy específico sobre lo que necesitas cambiar.

¿La falta de honestidad? ¿La mentira? ¿La falta de perdón o un mal hábito? ¿La compulsión por el trabajo? ¿El sentimiento de rencor? ¿Un divorcio mal resuelto que te aprisiona hasta el día de hoy? ¿La traición de tu cónyuge? ¿El miedo? ¿La adicción por los juegos de azar? ¿La compulsión por la comida? ¿El vicio de la pornografía? ¿Un trastorno en la sexualidad? ¿Un sentimiento de culpa? ¿Algún abuso sufrido en el pasado? ¿Una paternidad sin resolver? ¿La dependencia del alcohol? ¿Sustancias estupefacientes? ¿La murmuración? ¿El odio? ¿La compulsión por comprar?

> **Nuestros defectos y traumas, dolores y heridas no han aparecido de la noche a la mañana, así que no esperes que se vayan en un abrir y cerrar de ojos.**

¿Qué tienes que cambiar? ¿En qué área necesitas ser sanada? Cada día debes buscar la sanidad en algún área de tu vida. Pídele ayuda al Padre para vivir en victoria cada día sobre ese defecto o esa debilidad. Sin embargo, cree que la sanidad vendrá a través de un proceso: «Estoy convencido de esto:

Actitudes

el que comenzó tan buena obra en ustedes la irá perfeccionando hasta el día de Cristo Jesús» (Filipenses 1:6).

Cuando nos detenemos a pensar en todo lo que queremos cambiar de nosotras mismas, nos resulta muy difícil saber por dónde empezar. Te desafío a que escribas abajo solamente una cosa, solo una, que necesites cambiar hoy. Pon tu mirada en ese mal hábito hasta conseguir sustituirlo por otro que sea bueno; luego podrás pasar al siguiente. ¿De acuerdo?

Así, todos nosotros, que con el rostro descubierto reflejamos como en un espejo la gloria del Señor, somos transformados a su semejanza con más y más gloria por la acción del Señor, que es el Espíritu.

—2 CORINTIOS 3:18

Al escribir ese pasaje de la segunda carta a los corintios, Pablo deja en claro que de ninguna manera tenemos que vivir bajo la presión de la perfección. Al fin y al cabo, somos transformadas a su semejanza con más y más gloria, o sea, más y más parecidas a Él a medida que somos transformadas. Si acaso nos pasa por la cabeza que hay que cambiarlo todo a la vez, nos sentiremos excesivamente cargadas, desalentadas y efectivamente, no cambiaremos nada. Por eso, hay que dar un paso a la vez.

Danos hoy nuestro pan cotidiano.

—MATEO 6:11

Con nuestras actitudes, es como si le dijéramos a Dios: «Danos hoy el pan del mes, Señor; no solamente el de este día». Dios quiere darte la fuerza suficiente para cambiar un día, no una semana, tampoco un mes, el resto de tu vida, o la eternidad.

Su deseo es trabajar en ti cada día. Como bien dice un antiguo dicho africano: «¿Cómo se debe comer un elefante? De un bocado a la vez». Si medimos la vida en kilómetros, esta nos parecerá más difícil; si la medimos en centímetros será más fácil.

Por lo tanto, no se angustien por el mañana, el cual tendrá sus propios afanes. Cada día tiene ya sus problemas.

—MATEO 6:34

El carácter no se construye en un día. Los defectos del carácter tampoco se eliminan en un día. La vida no es como una película en la que aparecen titulares que dicen: «Seis meses después», y en la siguiente escena ¡todo está bien! La transformación que necesitas no se realiza en tres minutos como los fideos instantáneos. Quien valora el proceso termina por disfrutar el crecimiento. ¿Te has dado cuenta de que Dios valora el «un día a la vez»? Entonces ¿por qué quieres vivir todas las etapas del proceso de una sola vez? Dios sabe muy bien cuánto puedes soportar y te da la cantidad que estás preparada para recibir. Esta generación es adicta a lo instantáneo e inmediato, por eso les resulta difícil vivir los procesos de Dios.

Los procesos son más que necesarios. Es más: hay belleza en cada uno de ellos. Ten paciencia contigo misma y sé tu mejor animadora. Celebra las pequeñas victorias y los pasos del camino rumbo a tu destino. Una cosa es cierta: la dirección es más importante que la velocidad. ¡Sencillamente no puedo dormir como Talitha y despertar como Joyce Meyer!

De la misma manera, tú tendrás que subir un peldaño por vez. Cuando aprendemos a disfrutar el recorrido, en vez de saltarnos las etapas, percibimos de verdad que estamos siendo transformadas.

CAPÍTULO 6

Potencial

EMPIEZA HOY A BRILLAR

Para el control eficaz de su reino, Darío consideró prudente nombrar a ciento veinte sátrapas y tres administradores, uno de los cuales era Daniel. (...) Y tanto se distinguió Daniel por sus extraordinarias cualidades administrativas que el rey pensó en ponerlo al frente de todo el reino. Entonces los administradores y los sátrapas empezaron a buscar algún motivo para acusar a Daniel de malos manejos en los negocios del reino. Sin embargo, no encontraron de qué acusarlo. (...)

Formaron entonces los administradores y sátrapas una comisión para ir a hablar con el rey, y estando en su presencia le dijeron: —¡Que viva para siempre Su Majestad, el rey Darío! Nosotros los administradores reales, junto con los prefectos, sátrapas, consejeros y gobernadores, convenimos en que Su Majestad debiera emitir y confirmar un decreto que exija que, durante los próximos treinta días, sea arrojado al foso de los leones todo el que adore a cualquier dios u hombre que no sea Su Majestad. (...)

Cuando Daniel se enteró de la publicación del decreto, se fue a su casa y subió a su dormitorio, cuyas ventanas se abrían en dirección a

Jerusalén. Allí se arrodilló y se puso a orar y alabar a Dios, pues tenía por costumbre orar tres veces al día. Cuando aquellos hombres llegaron y encontraron a Daniel orando e implorando la ayuda de Dios (...)

Ellos respondieron: —¡Pues Daniel, que es uno de los exiliados de Judá, no toma en cuenta a Su Majestad ni el decreto que ha promulgado! ¡Todavía sigue orando a su Dios tres veces al día!

Cuando el rey escuchó esto, se deprimió mucho y se propuso salvar a Daniel, así que durante todo el día buscó la forma de salvarlo. (...)

Tan pronto como amaneció, se levantó y fue al foso de los leones. Ya cerca, lleno de ansiedad gritó:

—Daniel, siervo del Dios viviente, ¿pudo tu Dios, a quien siempre sirves, salvarte de los leones?

—¡Que viva Su Majestad por siempre! —contestó Daniel desde el foso—. Mi Dios envió a su ángel y les cerró la boca a los leones. No me han hecho ningún daño, porque Dios bien sabe que soy inocente. ¡Tampoco he cometido nada malo contra Su Majestad!

—DANIEL 6:1,2a-4a,6,7,10,11,13,14,19-22

Cuando pensamos en ejemplos de éxito, inmediatamente miramos a los líderes de grandes empresas, a los gobernantes de los países más desarrollados, a las personas que se proyectan en sus áreas de actuación. Sin embargo, difícilmente miramos hacia el área de mayor dificultad en la vida de esas personas, o para el largo camino por el cual tuvieron que transitar hasta llegar a la cima.

Las personas de éxito tienen algo en común que quiero destacar: sin importar las circunstancias, decidieron creer en su potencial e invertir en sí mismas. Emplearon recursos de los más variados para brillar. Así como Daniel sabía que en sí mismo había un tesoro escondido y nunca jamás cedió en su relación con Dios, tú también puedes alcanzar el éxito. ¡Estás hecha para brillar!

Elige sacar a flote tu potencial, no a ocultarlo

Hay una frase que dice: «Las personas mediocres siempre piensan que ya han alcanzado lo mejor.» ¡Qué verdad! Quien nunca piensa en crecer, siempre cree que no hay problema en seguir como está, en vivir bajo la ley de la procrastinación. Es justo por esa forma de ver el mundo que algunas personas pasan desapercibidas mientras otras se proyectan en lo que hacen.

Cuando hacemos con excelencia lo que fuimos llamadas para hacer, es casi imposible no llamar la atención.

¡Daniel fue una de esas personas que se destacó! Él supo usar de manera exponencial todos los dones que Dios le dio a tal punto que era imposible

Potencial

que no se fijasen en él. Quizá leas muchos libros y asistas a muchas conferencias sobre cómo liderar tu potencial, pero las verdades que aprendemos en la Palabra de Dios con la vida de Daniel son la clave para que se fijen en ti.

> *Y tanto se distinguió Daniel por sus extraordinarias cualidades administrativas que el rey pensó en ponerlo al frente de todo el reino.*
> —DANIEL 6:3

El rey se dedicaba a entrenar a muchos jóvenes, y el mejor de ellos —el más inteligente, más fuerte, más dotado— sería elegido como el líder de la nación. Según leemos en el versículo anterior, no fue Dios quien puso Daniel en ventaja entre los demás. Fue el mismo Daniel quien llamó la atención por quién él mismo era. En otras palabras, Daniel cumplía tan bien y de modo excelente lo que le cabía que se le hacía imposible no ser notado.

Eso sucede cuando fortaleces los dones que Dios te dio, honrándolo con lo que haces mejor. A cada persona se le ha otorgado por lo menos un don. La Biblia relata que Daniel era diez veces más inteligente que cualquier otro hombre del reino. Él tenía sabiduría y entendimiento de sobra. Daniel era

> ¿Haces con excelencia lo que Dios te dijo que hicieras o estás a la espera de que Dios te dé un lugar destacado para que por fin empieces a hacerlo?

capaz de interpretar sueños y visiones. ¿Qué significa eso? Sencillamente el favor de Dios estaba sobre Daniel. Pura gracia divina.

Nuestros dones espirituales se potencian cuando elegimos usarlos y perfeccionarlos. El problema es que pasamos demasiado tiempo pensando en lo que dirán los demás y nos olvidamos de poner nuestra mirada en desarrollar lo que Dios nos dio. Cuando te enfoques en los propósitos divinos para ti, Dios te concederá favor, creatividad e ideas para que, como Daniel, los demás también se fijen en ti. ¿Haces con excelencia lo que Dios te dijo que hicieras o estás a la espera de que Dios te dé un lugar destacado para que por fin empieces a hacerlo?

Pensemos en la vida de Daniel. Él no pasó a ejercer su función con excelencia después de haber ganado un título. Daniel ya era un líder y se destacaba por su trabajo aun antes de ser considerado por el rey para el cargo.

No esperes el escenario perfecto. Estás justamente dónde Dios va a usar tu potencial y hacerte brillar.

Allí mismo donde nadie —a excepción de Dios— veía su potencial, fue que David usó lo mejor de sus habilidades y dones. Fue allí, en los campos, que David entrenaba con su honda y defendía las ovejas de todo peligro. Él daba su vida por ejercer aquella función. Algún tiempo después, cuando finalmente fue elegido por Dios para dejar el redil, David recibió un lugar destacado: de cuidador de ovejas pasó a ser rey de Israel. De hecho, David continuó usando las herramientas que ya disponía, como el temor a Dios, el valor y la valentía.

¿Me explico? Las herramientas que necesitas ya están en tus manos; el potencial ya está en ti. Solo tienes que liberar lo que llevas dentro. No esperes el escenario perfecto. Estás justamente dónde Dios va a usar tu potencial y hacerte brillar.

Quizá estés en una situación en la que todos a tu alrededor son perezosos, descuidados y toman el camino más fácil. ¡No te dejes contaminar! ¡Debes ser el que se destaque entre la multitud! Dios te está llamando a establecer un nuevo estándar de calidad. Él quiere llevarte a lugares más altos, mucho más allá de lo que ya soñaste. Pero tienes que hacer tu parte, o sea, vive y sé lo mejor de ti misma cada día.

Elige la excelencia, no la mediocridad

Como ya dijimos, Daniel buscaba la excelencia en todo lo que hacía. Sin embargo, él no era solamente un profesional cuyo nivel era superior a los demás. Como ser humano, tenía excelencia. Sus enemigos rebuscaron su vida intentando buscar faltas en él, y sencillamente no pudieron, puesto que Daniel era un hombre fiel, honesto y diligente (Daniel 6:4).

Vivimos en una sociedad en la que lo normal es realizar medianamente las tareas que nos tocan; trabajar de forma mediocre es totalmente aceptable. Muchas personan siguen la teoría del mínimo esfuerzo, no están orgullosas por su trabajo ni tampoco por lo que son. Cuando nadie las está mirando suelen elegir siempre el camino más fácil, buscan atajos.

> **Dios no bendice la mediocridad. Dios bendice la excelencia.**

Si no tienes cuidado y estás atenta, podrás caer en la siguiente mentalidad: «No pasa nada llegar tarde al trabajo»; «No hay ningún problema en hacer la presentación tal como está»; «Esta vez no voy a hacer lo mejor que puedo». ¡Ten cuidado! Dios no bendice la mediocridad. Dios bendice la excelencia.

Cuando tenemos un espíritu que busca la excelencia, damos lo mejor de nosotras mismas en cada actividad,

> **No te dejes conducir por el patrón de la comodidad de este mundo. ¡Guíate por el patrón divino de la excelencia!**

independientemente de la audiencia. Caminamos la segunda milla, vamos más allá de lo que se considera nuestra obligación. Aunque otros escojan el camino más fácil, el del desinterés y de la negligencia, contigo será distinto, pues sabes que deseas avanzar hasta al próximo nivel.

Aunque otros actúen con irresponsabilidad en el trabajo, no cumplan los compromisos en la universidad, o dejen el jardín patas arriba, tú buscarás un destino diferente. Déjame decirte algo muy importante:

¡TÚ NO ERES COMO LOS DEMÁS! Estoy segura de que ya escuchaste esa frase de tu madre. No te dejes conducir por el patrón de la comodidad de este mundo. ¡Guíate por el patrón divino de la excelencia!

Dios puso todo su amor y cuidado al crear el mundo. Ante cada etapa concluida, el Padre reflexionaba: «Y Dios consideró que esto era bueno» (Génesis 1:10,12, 18,21,25). Al finalizar su trabajo, antes de descansar, él «miró todo lo que había hecho, y consideró que era muy bueno» (v. 31).

¡Ya basta del pensamiento de esta generación «más o menos» o «está bien así»! Al final de la carrera, podremos mirar hacia atrás y llegar a la misma conclusión que llegó Dios: ¡TODO ha quedado MUY BUENO!

¡Debemos estar siempre felices, pero nunca darnos por satisfechas! Y eso porque estamos en busca de estar a la altura de Jesús, nuestro ejemplo de perfección.

> ¡Debemos estar siempre felices, pero nunca darnos por satisfechas!

Siempre habrá algún área que mejorar, en la que crecer y aprender. ¡Tú fuiste llamada para la excelencia! Dios quiere ponerte en la cima, darte el más alto estándar. Daniel estaba en un nivel tan elevado que ninguno de sus enemigos tenía algo que decir en su contra.

Describe un área de tu vida en el que debes encontrar la forma de subir un peldaño en busca de la excelencia. No olvides indicar las formas de alcanzar ese objetivo.

DÉJAME PRESENTARTE A TI MISMA

~~~~~~~~~~~~~~~~~~~~~~~~~~~~~~~~~~~~~~
~~~~~~~~~~~~~~~~~~~~~~~~~~~~~~~~~~~~~~
~~~~~~~~~~~~~~~~~~~~~~~~~~~~~~~~~~~~~~
~~~~~~~~~~~~~~~~~~~~~~~~~~~~~~~~~~~~~~
~~~~~~~~~~~~~~~~~~~~~~~~~~~~~~~~~~~~~~

Tienes que ser modelo en tu trabajo. Tu jefe y tus encargados deberán verte como ejemplo ante los nuevos contratados. Que se diga de ti que eres un modelo a seguir, siempre puntual, una persona de buenas actitudes y que siempre hace lo que se le pide. Eso es excelencia. Cuando tienes el mismo espíritu de excelencia de Daniel, no recibirás solamente un ascenso sino también glorificarás a Dios y serás enaltecida por él.

Algunos dicen: «Voy a la iglesia a honrar a Dios». Eso también es verdad. Sin embargo, hay otras formas de honrarlo. Por ejemplo, cuando somos puntuales, productivas en el trabajo, cuando nos vestimos de forma adecuada. Cuando eres excelente, tu vida se transforma en una fuente de adoración a Dios.

Algunas personas nunca van a aceptar tu invitación para ir a la iglesia. Quizá nunca vayan a escuchar un sermón o leer la Biblia. Pero están *leyendo* tu vida, están *oyendo* tus palabras, *viendo* cómo vives. Recuerda: Eres una representante de Dios en este mundo. Y, como tal, eso quiere decir que Dios no puede estancarse o quedarse atrás, hay que darle todo, pues tienes un gran potencial dentro de ti para ser liberado. Apresúrate para brillar, pues esa actitud está totalmente relacionada con tener un espíritu de excelencia.

Algunas personas llevan meses sin lavar o limpiar el automóvil que usan día a día. «Ah, pero si es un coche viejo; pronto compraré otro.» ¿Si no cuidas lo que tienes hoy, esperas que Dios te bendiga en el futuro?

> Cuando eres excelente, tu vida se transforma en una fuente de adoración a Dios.

Independientemente de si tienes demasiado o poco, si lo que tienes es viejo o nuevo, ¡cuida bien de lo que Dios ha puesto bajo tu administración y siéntete orgullosa de ello! Recuerda el discurso de Jesús en la parábola: «¡Hiciste bien, siervo bueno y fiel! En lo poco has sido fiel; te pondré a cargo de mucho más» (Mateo 25:21). Esto se refiere a todas las áreas de tu vida.

Representamos a un Dios diligente. Él nada lo hace a la ligera, nada que viene de él es de segunda mano. Dios es excelente en todo lo que hace. Eso no quiere decir que tienes que ser la mejor en todas las áreas para poder representarlo. Sin embargo, debes cuidar lo que tienes bajo tu responsabilidad de la mejor forma posible.

Elige la disciplina, no la comodidad

Cuando Daniel se enteró de la publicación del decreto, se fue a su casa y subió a su dormitorio,

DEJAME PRESENTARTE A TI MISMA

cuyas ventanas se abrían en dirección a Jerusalén. Allí se arrodilló y se puso a orar y alabar a Dios, pues tenía por costumbre orar tres veces al día.

—DANIEL 6:10

Lo que separa el éxito del fracaso no es la falta de capacidad, sino la falta de disciplina. ¿Por qué Daniel se destacó en medio de tantos hombres del palacio? Porque tenía una vida disciplinada. Si deseas acelerar tu potencial y brillar, necesitas tener disciplina. No solo para leer la Biblia y orar, sino también para guardar tu lengua, para ser agradecida y obediente.

Lo que separa el éxito del fracaso no es la falta de capacidad, sino la falta de disciplina.

El potencial es la herramienta, la disciplina es el medio, y la excelencia es el producto final. Cuando ejercemos nuestro potencial con disciplina, los frutos son excelentes.

Pablo Casals fue uno de los más grandes violonchelistas de todos los tiempos. Empezó a tocar a los 12 años y conquistó premios que ningún otro músico logró. En su área, era reconocido mundialmente como el mejor. Aun así, a los 85 años, Casals practicaba cinco horas al día.

Un día, un periodista le preguntó por qué continuaba estudiando y ensayando tanto. Él sonrió y dijo: «Porque creo que estoy mejorando». Casals entendía el principio: cuando dejamos de aprender, dejamos de crecer.

Potencial

Independientemente de lo que hagas, ¡mejora siempre! Agudiza tus habilidades. No te quedes en el mismo nivel. Sé disciplinada.

Alguien me dijo que muchas personas hoy sufren de la «enfermedad del destino». Son personas que alcanzan cierto nivel, conquistan carreras, compran una casa y después se detienen. Hay quienes nunca leyeron un libro entero después de que terminaron el bachillerato. La gente se equivoca y piensa que el tiempo de aprendizaje es solo mientras están en la escuela secundaria. Pero aprender es algo para toda la vida.

> **El potencial es la herramienta, la disciplina es el medio, y la excelencia es el producto final.**

Uno tiene que responsabilizarse por su propio crecimiento. Crecer no es algo automático. ¿Qué pasos has dado últimamente para perfeccionarte? ¿Lees los libros adecuados? ¿Ves buenos videos? ¿Estás haciendo algún curso? ¿Tienes un mentor?

Tienes un tesoro dentro de ti misma. Llevas allí dentro un gran potencial, dones y talentos dados por el Creador, pero ninguno de ellos surge de la nada. Tu especialidad debe ser desarrollada con disciplina.

¿En qué área eres excelente y debes ser todavía más disciplinada para no parar de crecer y perfeccionar los dones que Dios te dio? ¿Qué puedes hacer a partir de hoy?

DÉJAME PRESENTARTE A TI MISMA

~~~~~~~~~~~~~~~~~~~~~~~~~~~~~
~~~~~~~~~~~~~~~~~~~~~~~~~~~~~
~~~~~~~~~~~~~~~~~~~~~~~~~~~~~
~~~~~~~~~~~~~~~~~~~~~~~~~~~~~
~~~~~~~~~~~~~~~~~~~~~~~~~~~~~
~~~~~~~~~~~~~~~~~~~~~~~~~~~~~

Dios busca personas preparadas para crecer. Él quiere a quienes están de verdad comprometidas en cumplir su destino. Quizá estés en una fase de la vida en que nadie reconoce lo que haces, ya sea cuidar de la familia o en de trabajo. Sé que esto puede ser muy difícil. Sin embargo, sabes muy bien que tienes un gran potencial. Sería mucho más fácil hacer lo que haces con la siguiente perspectiva:

> **Sigue creciendo, aprendiendo y preparándote. Cuando estés lista, las puertas se abrirán.**

«Nadie valora lo que hago, nadie lo considera importante, así que puedo hacerlo a medias porque no hace ninguna diferencia».

¡No! Tienes que dar lo mejor haciendo lo que haces. No hay tareas demasiado pequeñas, porque Dios no desperdicia nada, ¿recuerdas? Tienes que empezar a desarrollarte ahora mismo, justo dónde estás. Si hoy te toca cuidar a tu familia a tiempo completo, no eres solamente el ama de casa; eres la principal influencia y referencia de tus hijos. Esto es muy poderoso.

Potencial

Todo lo que Dios te confió para que hagas tiene mucho valor, por eso aprende a hacerlo mejor. Cuando él te vea preparándote, te abrirá otras puertas que ni siquiera puedes imaginar. Sin embargo, si ahora mismo ninguna puerta se ha abierto, no te desanimes; sigue desarrollando tus dones. La puerta con la que sueñas hace tiempo se abrirá ¡cuando menos lo esperas!

No te preocupes por quién va delante de ti o por cuándo llegará tu tiempo. Sigue creciendo, aprendiendo y preparándote. Cuando estés lista, las puertas se abrirán. Los lugares más ricos de la tierra no son lo que tienen más petróleo o minas de diamante. Son los cementerios. Allí están enterrados los negocios que nunca salieron de los cajones, los libros que nunca fueron escritos, las canciones que nunca fueron cantadas, los sueños que nunca se hicieron realidad, los potenciales que nunca fueron descubiertos.

¡No permitas que tu potencial vaya a parar al cementerio!

¡Sueña!

¡Vive!

¡Crece!

CAPÍTULO 7

Esencia

EMPIEZA HOY A PRESENTARLE AL MUNDO QUIÉN ERES

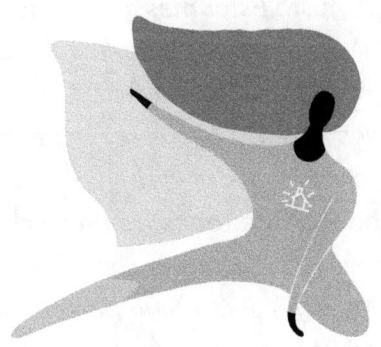

Mardoqueo tenía una prima llamada Jadasá. Esta joven, conocida también como Ester, a quien había criado porque era huérfana de padre y madre, tenía una figura atractiva y era muy hermosa. Al morir sus padres, Mardoqueo la adoptó como su hija. (...) Ester no reveló su nacionalidad ni sus antecedentes familiares, porque Mardoqueo se lo había prohibido. Este se paseaba diariamente frente al patio del harén para saber cómo le iba a Ester y cómo la trataban. (...) Para entonces, ella se había ganado la simpatía de todo el que la veía. (...) Al rey le gustó Ester más que todas las demás mujeres (...) Así que él le ciñó la corona real y la proclamó reina en lugar de Vasti. (...)

Entonces Amán le dijo al rey Asuero:

—Hay cierto pueblo disperso y diseminado entre los pueblos de todas las provincias del reino, cuyas leyes y costumbres son diferentes de las de todos los demás. (...) Si le parece bien, emita Su Majestad un decreto para aniquilarlos (...)

Entonces Ester mandó llamar a Hatac, uno de los eunucos del rey puesto al servicio de ella, y le ordenó que averiguara qué preocupaba a Mardoqueo y por qué actuaba de esa manera. (...)

Esencia

> *Cuando Mardoqueo se enteró de lo que había dicho Ester, mandó a decirle: "No te imagines que por estar en la casa del rey serás la única que escape con vida de entre todos los judíos. Si ahora te quedas absolutamente callada, de otra parte vendrán el alivio y la liberación para los judíos, pero tú y la familia de tu padre perecerán. ¡Quién sabe si no has llegado al trono precisamente para un momento como este!"*
>
> *Ester le envió a Mardoqueo esta respuesta: "Ve y reúne a todos los judíos que están en Susa, para que ayunen por mí. Durante tres días no coman ni beban, ni de día ni de noche. Yo, por mi parte, ayunaré con mis doncellas al igual que ustedes. Cuando cumpla con esto, me presentaré ante el rey, por más que vaya en contra de la ley. ¡Y, si perezco, que perezca!"*
>
> —ESTER 2:7,10-11,15b,17; 3:8a,9a; 4:5,12-16

¡La historia de Ester me encanta! Una joven bella, huérfana, adoptada por Mardoqueo, y que salvó a todo el pueblo de Israel de una pena de muerte colectiva. Ester podría muy bien haber sido solamente una bella mujer, pero terminó siendo una reina. Podría haber sido una bella reina, pero terminó por ser la favorita del rey. Ester podría haber pedido algo para sí misma después que ganó la confianza del rey, pero prefirió actuar según el plan mayor de Dios y salvar a todo su pueblo.

DEJAME PRESENTARTE A TI MISMA

Quizá ya conozcas todas esas informaciones sobre Ester, pero puede ser que no sepas que tienes mucho en común con ella. Y a eso vamos.

No pierdas la esencia del propósito

Son dos los reinos que compaginas en tu vida. El reino transitorio en el que vivimos hoy, del que trata nuestra trayectoria aquí en la Tierra. Y el reino eterno, el mundo espiritual, la realidad que Dios soñó para nosotras y que debe reflejarse en todo lo que hacemos.

En el reino transitorio, Ester era una joven huérfana. En el reino eterno, fue llevada como guardiana del linaje mesiánico. Este era su propósito. No fue la casualidad que la hizo reina. Esto nos demuestra que no debemos creer que nuestro propósito puede estar limitado por la forma en que nos presentamos en el reino pasajero. Somos mucho más que eso.

En el reino transitorio podemos ser amas de casa, estudiantes, emprendedoras, cocineras, maestras, madres, niñeras. Podemos ser mujeres que pasaron por historias difíciles de abandono, rechazo, traición. Sin embargo, en el reino eterno nuestra posición es grande y sublime, diferente a todo lo que quizá estamos viviendo.

Ester era una joven que no tenía padre ni madre; vivía en una tierra que le era ajena y en la cual trabajaba mucho. Puede que tú pienses: «Dios mío, soy solo una mujer más en el mundo». No. ¡Tú eres como Ester! Eres una princesa del reino eterno y tienes un propósito mucho más importante de lo que imaginas, aunque en tu alrededor nada sea favorable.

No sé cuál es el propósito de Dios para tu vida, pero de una cosa estoy segura: Dios reservó algo muy grande para cada una de nosotras. Quizá veamos en nosotras mismas faltas, imperfecciones y desafíos para cambiar. Pero Dios ve nuestro potencial. Él cree en ti. Invierte en ti. Él te levanta y te capacita. Él te ve como princesa. Puede ser que te veas solo como «una huérfana», pero todo lo que se dijo aquí es justamente para que sepas quién eres de verdad y vivas como la persona que nació para ser: una princesa escogida para cumplir un gran propósito.

Dios te ve como una reina sabia, alguien que va a marcar la historia. Una mujer que cambiará destinos. Dios te llamó para cambiar el destino de las personas a tu alrededor. Él eligió a una huérfana (quizá despreciada por muchos) para hacer de ella una mujer que cambió el destino de una nación.

En este reino transitorio, piensas que eres una mujer y nada más, pero, como princesa del reino eterno, tú eres alguien que nació para influenciar en tu manera de hablar, de vestir, de ser. ¿De qué manera? Al nunca perder de vista la esencia de tu propósito sin importar lo que haces. El mundo necesita que tú actúes como una verdadera princesa del reino eterno.

DÉJAME PRESENTARTE A TI MISMA

El texto bíblico dice que Ester fue llevada al palacio para seguir la misma carrera de muchas de las demás jóvenes bellas de su tiempo. Sin embargo, aunque ella no entendiera lo que pasaba, Dios la estaba conduciendo en su vida.

Mientras estamos en este reino transitorio, seguiremos trabajando en una carrera, profesión o ministerio, como hacen tantas otras mujeres. La historia de Ester, sin embargo, nos enseña que una princesa del reino eterno no tiene solo una carrera, sino que sigue propósitos divinos. Por eso, hace falta preservar la esencia que hemos recibido de Dios.

Si hoy vives algo cuyo objetivo no comprendes, te sientes confundida, triste y llena de preguntas..., debes saber que Dios sí tiene un propósito para tu dolor. ¡Nada sucede por casualidad! ¡Tú no estás aquí por un accidente!

Hace algunos años cuando, al pasar por un momento determinado de mi vida, me preguntaba cuál era la razón de todo ello. Estuve internada por tres meses en una UCI (unidad de cuidados intensivos) sin tener la alegría de tener a mi hija en brazos. Desde su primer día de vida, mi primogénita tuvo que pasar por una cirugía muy delicada. Las semanas pasaron y escuché las palabras más duras que una madre podría recibir. Aun así, por peor que fuera el dolor en aquel momento, y por más que yo desease no haber pasado por nada de ello, yo sabía que Dios tenía un propósito.

Esencia

Uno de los propósitos es decirte:

«Hija mía, quizá pienses que no tienes ningún valor; quizá te sientas huérfana y sola, y no entiendas el motivo de muchas cosas en tu vida. Sin embargo, Dios te dice: "Puede que seas huérfana, ¡pero yo te levanto como una reina! Quizá no comprendas el porqué de tu aflicción, ¡pero te voy a usar para liberar una nación! Tu vida existe para cumplir un propósito mayor, ¡así que nunca pierdas la esencia de Su propósito!"»

No pierdas la esencia de la humildad

En el reino transitorio, Ester podría haber optado por seguir su propio destino, pero como princesa del reino eterno se sometió a los cuidados de su primo, que le enseñó los valores del reino de Dios.

Eso revela que Ester era leal y fiel a su mentor. Cuando fue exhortada por Mardoqueo a cumplir una función más proactiva acorde a su lugar de honor en el palacio, Ester pronto recordó los valores aprendidos y se sometió a su primo y a Dios. En el reino transitorio, se nos motiva a ser autosuficientes. Detrás de esa idea hay una cultura de la falta de respeto, principalmente contra aquellos que nos enseñan a proceder dentro del ámbito del reino eterno. Es tiempo de ser obediente y fiel como Ester.

DÉJAME PRESENTARTE A TI MISMA

La independencia que el mundo predica a la mujer, va en contra a los valores del reino de Dios. Dependemos unos de los otros. No somos autosuficientes. Si estás soltera, son tus padres los que deben orientarte. Si estás casada, debes contar con tu marido. Dios determinó que esas personas tengan autoridad sobre tu vida. Sencillamente no puedes ver la sumisión como opresión, sino como cuidado de Dios.

Hay mujeres a quienes no les gusta recibir órdenes: «¡Aquí quien manda soy yo!», «¡La última palabra es mía!», «¡Nadie me dice lo que tengo que hacer!». En otras palabras, tales actitudes indican falta de respeto por la otra persona, algo cuya raíz es el orgullo y la falta de humildad. Creo en el poder de la cooperación entre marido y mujer; particularmente para vivir en armonía, los roles deben ser desarrollados con sabiduría.

Como reina, Ester podría pensar que su autoridad no carecía de la orientación de nadie más, o sea, hacer lo que bien le pareciera sería lo más indicado. Sin embargo, ella no lo hizo. Sabía reconocer la autoridad de su primo y obedecerle con un corazón humilde. Ester siguió las órdenes de Mardoqueo porque sabía que así estaría obedeciendo a Dios. Ella escuchó la voz del Señor por medio de su orientación. Su corazón permaneció humilde aun después de convertirse en reina.

En la lectura de este libro fuiste poco a poco siendo empoderada por las verdades de Dios sobre tu vida, lo que seguramente te pondrá en un nivel más alto. Serás todavía más valiente, segura de ti misma, llena de actitud. Todo tu potencial te llevará a posiciones más altas. Sin embargo, cuando llegues a ese lugar, no pierdas tu esencia. No pierdas la humildad de corazón y la dependencia de Dios para todas las cosas, mantén tu interior siempre abierto a la enseñanza. Aquel que depende de sus capacidades puede llegar rápidamente adonde quiera, pero quien mantiene su corazón abierto para aprender y en humildad, llega más lejos y permanece en un lugar de autoridad.

No pierdas la esencia del Reino

Ester seguramente era una mujer guapísima. Imaginemos que el rey podría tener toda mujer que desease y aun así la eligió a ella. Ester no descuidó su apariencia, pero como princesa del reino eterno sabía que lo más importante era lo que tenía en su corazón, no en el exterior. Ella había permanecido fiel a su propósito eterno con un corazón humilde y abierto para aprender.

Este es el secreto de Ester: la belleza de su corazón le hizo aún más bella en el exterior, conforme nos dice la Biblia en Proverbios 15:13. Ester era bella, de buena apariencia y hermosa. Muchas mujeres pueden ser bellas por fuera, pero vacías por dentro. Lo que en definitiva no sirve de mucho.

> **Ningún lugar destacado en el reino transitorio se compara a la posición que tienes en el reino eterno.**

DEJAME PRESENTARTE A TI MISMA

Es necesario cuidar el cuerpo, vestirse bien, sin descuidar la belleza interior y el buen carácter. Cuida tu corazón. Sé amorosa y misericordiosa. Mira a los demás con los ojos de Dios. Sé gentil, educada, mansa.

En el reino transitorio, Ester llegó a ser reina sin perder el corazón de princesa del reino eterno. Sus actitudes eran simples y humildes. Aun al ser considerada la más bella, habiendo alcanzado el favor de todos y convirtiéndose en rica y poderosa, Ester no perdió la esencia del Reino, o sea, ella sabía qué armas debería usar si era necesario y cuáles eran sus prioridades.

En el reino transitorio de este mundo, Dios te puede llevar a caminar en lugares altos. Él te puede ubicar en posiciones importantes. Sin embargo, debes preservar tu fe y mantenerte firme y obediente al Señor, pues ningún lugar destacado en el reino transitorio se compara a la posición que tienes en el reino eterno.

Por lo tanto, no te dejes corromper convirtiéndote en rehén de la vanidad o del poder. Cuida tu cuerpo, pero ten doble cuidado con el orgullo. ¿Dios te está bendiciendo mucho? Cuida tu corazón. La Biblia nos dice que engañoso es el corazón humano.

Desafortunadamente, muchas mujeres se venden, se corrompen y pierden su actitud de siervas. Incluso siendo reina, Ester no ignoró la situación de su gente, fue generosa y altruista.

En un momento determinado, al saber que algo le preocupaba a su primo, ella dio órdenes para saber de él. Muchas veces nos ocupamos tanto de nuestro papel transitorio en este mundo, que la realidad de los demás ni siquiera nos llega a afectar. Como princesas del reino eterno, debemos ser conscientes de las necesidades de las personas. La verdadera princesa no solo se mira a sí misma, sino que también se preocupa por los demás y por cuidar de ellos a través de una palabra, un abrazo, una demostración de cariño, alimentos básicos, donación de sangre... No te encierres en tu mundo; ¡mira a tu alrededor!

Cuando supo del peligro que le afectaba a ella y a su pueblo, Ester sabía exactamente qué hacer y qué herramientas usar para ganar la guerra. Ella usó los medios del reino eterno —la oración y el ayuno— para buscar en Dios la sabiduría que necesitaba.

Ester era hermosa y el rey la amaba. Podría haber puesto todo su encanto y sensualidad en preguntarle al rey qué quería. Pero actuó como una princesa de Dios: antes de presentarse delante del rey, buscó a Dios por medio del ayuno y de la oración.

Independientemente de tu posición en el reino transitorio, ¿cuál es el propósito del reino eterno que no puedes dejar de poner en práctica?

DEJAME PRESENTARTE A TI MISMA

Al saber que había un decreto real que determinaba la destrucción de los judíos, Ester no actuó en desesperación para hablar con Amán o para decirle al rey sobre el propósito de su funcionario, sino más bien buscó consagrarse. Ester sabía quién era el verdadero Rey. Como ella, necesitamos saber a quién recurrir cuando las cosas se ponen difíciles. La reina tenía todo lo que deseaba, pero estaba segura de que solamente una cosa era necesaria para cambiar toda la historia: Dios. Eso se llama dependencia.

Conságrate al Señor. Búscalo en ayuno y oración. Sensibilízate con la situación de tu país y de tu pueblo. Infórmate bien sobre el mundo e involúcrate socialmente. Levanta un clamor por tu ciudad. No permitas que tus ojos se enfoquen solamente en tu reino personal. En especial, qué sepas compartir las buenas noticias del reino eterno a todos aquellos que lo necesitan.

No olvides que hay tres cosas que no puedes perder de vista cuando brilles en los lugares altos o seas reconocida por algo que hiciste: tener propósito, tener un corazón humilde y depender del Espíritu Santo.

CONCLUSIÓN

Toda trayectoria de autoconocimiento tiene como objetivo el crecimiento personal. Los pediatras suelen decir que, de hecho, crecer duele. Mirar al espejo y enfrentarte a ti misma con *todas* tus angustias y miedos puede ser un proceso lacerante. Sin embargo, cuando crecemos nos volvemos mejores, nos desarrollamos.

Quizás ahora, que llegaste al final de este libro, reflexiones: «Nunca había pensado que era tan amada, única y singular. Nunca me había visto a mí misma como una princesa». Recuerda que lo más interesante es que a lo largo de estas páginas te he presentado a TI MISMA. Todo lo que he hecho fue enseñarte tu identidad desde que naciste, aunque no fueras capaz de verla en toda su amplitud con tus propios ojos.

Quizá nunca fuiste amada por tus padres y cuando te casaste imaginaste que recibirías de tu marido todo el amor que necesitabas, pero lo único que recibiste fue decepción. Fuiste herida con palabras, y empezaste a creer que no tenías valor, o que no eras una buena esposa, tampoco una buena madre...

DEJAME PRESENTARTE A TI MISMA

Quizá ese sentimiento se haya desarrollado en el colegio por acoso escolar o porque no sentías que pertenecías al lugar donde estabas.

Las razones que te pueden haber llevado a no reconocer tu verdadera identidad, puede que tengan diferentes raíces. Sin embargo, Dios puso este libro en tus manos para decirte: «Mi hija amada, andar conforme a tu identidad te llevará al destino que elegí para ti. El secreto siempre estuvo allí, en la esencia que puse en tu corazón. Ahora que lo has descubierto, ¡sal y brilla!»

¡Eres valiosa!

¡Eres única!

¡Eres capaz!

Dios no te eligió para ser una más en la multitud, sino que sin importar el dolor que te hayan infligido, aprendas a vivir con un propósito mucho mayor por el cual fuiste creada.

¡Eres libre!

Cuando vuelvas a mirarte en el espejo, ya no verás los dolores del pasado, sino las lecciones que te hicieron crecer.

Cuando vuelvas a mirarte en el espejo, ya no verás a alguien que vive como esclava del desprecio, de la autocompasión o de la comparación, sino a una mujer amada de forma singular.

Cuando vuelvas a mirarte en el espejo, ya no verás a una persona que depende del desempeño para ser amada, sino que crece día a día, celebrando cada victoria.

Esencia

Cuando vuelvas a mirarte en el espejo, ya no verás a alguien que está en desventaja en relación a los demás, sino que potencializa sus dones al más alto nivel para cumplir con un propósito poderoso.

Cuando vuelvas a mirarte en el espejo, ya no verás a alguien emocionalmente dependiente de los demás, sino a una persona segura en Dios.

Cuando vuelvas a mirarte en el espejo, ya no verás a alguien que desiste miedosa a mitad del camino, sino a alguien que sigue imparable hasta el final de la vida en medio de cualquier circunstancia.

Cuando vuelvas a mirarte en el espejo, siéntete feliz, libre, sana, preparada para seguir adelante en la trayectoria increíble que Dios soñó para ti.

Gracias por la oportunidad de presentarte a ti misma. ¡Ahora te toca a ti presentarte ante el mundo!

www.ingramcontent.com/pod-product-compliance
Lightning Source LLC
Chambersburg PA
CBHW070318010526
44107CB00004B/348